Beautiful Places

TOSKANA

Udo Bernhart, Sabine Mischnat

Beautiful Places
TOSKANA

Ausgewählte Ziele zum Erleben und Genießen

BRUCKMANN

Die Statue von Ferdinand I. de' Medici wacht über die Piazza della Libertà direkt unterhalb des Doms in Arezzo.

Biglietteria
DUOMO

INHALT

↑ Ein echter und unerwarteter Hingucker – der glasierte Terrakotta-Fries aus dem 16. Jahrhundert auf der Außenloggia des Ospedale del Ceppo in Pistoia
↓ Die Toskana hat viele Gesichter (von links nach rechts): die Skulptur von Jan Fabro vor dem Palazzo Vecchio in Florenz; Handwerkskunst in der Werkstatt Rossi Alabastri; Deckenfresko im Palazzo dei Priori (beide Volterra); die Büste von Dante Alighieri vor der Burg von Poppi im Casentino und zwischendurch ein *Gelato* zur Erfrischung

OSTEN & MITTE 80

DER SÜDEN 98

DER WESTEN 138

↑ Tiefblau eingebettet und geschützt in einer natürlichen Bucht – der schönste Hafen auf Elba, Porto Azzurro
↓ Vielfältige Landschaft, unterschiedlichste Architektur – Kultur und gutes Essen prägen das Bild der Toskana (von links nach rechts): Hobbykünstlerin in den Gassen von Capoliveri auf Elba; das Convento di San Francesco in Cetona ist heute eine Einrichtung von Mondo X; der von Mario Botta entworfene Keller des Weinguts Petra in der Maremma; köstlich und typisch Toskana – *Crespelle con zucchine e formaggio;* die weißen Chianina- und die schweren Maremmana-Rinder sind typisch für die Region im Süden der Toskana.

THEMEN

KULTUR

SINNE & GENUSS

NATUR & GÄRTEN

FAMILIE

↑ Badeurlaub mit Ausflügen in die Renaissance (von links nach rechts): das Portal des Baptisteriums San Giovanni in Corte in Pistoia mit seiner in hellem und dunklem Marmor gehaltenen Fassade; schon die Römer erkannten die heilende Wirkung des Wassers von Bagno Vignoni; atemberaubend der Blick von der Villa San Michele in Fiesole; Abendlicht am Strand von Marina di Massa

Morgenstimmung in den Crete: Dunst verzaubert die hügelige Landschaft.

BOLOGNA
FLORENZ
Pisa
Livorno
Lucca
Siena
Arezzo
Pistoia
Prato
La Spezia
Carrara
Massa
Viareggio
Ravenna
Forlì
Cesena
Imola
Faenza
Orvieto
Viterbo
Grosseto
Piombino
Follonica
Cecina
Volterra
Ligurisches
Meer
Riviera della Versilia
Chianti
Isola d'Elba
I. di Gorgona
I. di Capraia
I. Pianosa
I. di Montecristo
I. del Giglio
Lago Trasimeno
Lago di Bolsena
L. di Vico
Golfo di Follonica
Grotte des Windes
Crete Senesi Panoramic Point
Monte Oliveto Maggiore
Abbazia di Sant'Antimo
Val d'Orcia
Torre del Lago Puccini
M. Falterona 1654
M. Amiata 1738
M. Argentario 635
Monte Capanne 1019
A. di Succiso 2017
Montecatini Terme
Monsummano Terme
San Gimignano
Colle di Val d'Elsa
Certaldo Alto
Poggibonsi
Castellina in Chianti
Montepulciano
Pienza
Montalcino
Cortona
Sansepolcro
Città di Castello
Chiusi
Pitigliano
Sovana
Saturnia
Massa Marittima
Castiglione della Pescaia
Portoferraio
Porto Azzurro
Marina di Campo
Capoliveri
Porto S. Stefano
Porto Ercole
Tarquinia
Fiesole
Signa
Empoli
Vinci
Fucecchio
Pontedera
Cascina
S. Miniato
Figline Vald.
S. Giovanni Valdarno
Montevarchi
Pontassieve
Impruneta
Poppi
Bibbiena
Stia
La Verna
Vallombrosa
Castelfranco Emilia
Scandiano
Formigine
Vignola
Sasso Marconi
Pontremoli
Aulla
Sarzana
Lerici
Portovenere
Pietrasanta
Camaiore
Forte dei Marmi
Barga
Garfagnana
Castelnuovo di Garfagnana
Bagni di Lucca
Collodi
Abetone
Firenzuola
Marradi
Lugo
Cervia
A1
A11
A12
A14
A15
0 30 km
N

Im Dom San Cristoforo
von Barga tragen vier
Löwen die Marmorkanzel.

WILLKOMMEN IN DER TOSKANA

UNENDLICHE SINNESFREUDEN

Die Bilderbuchregion Mittelitaliens lockt mit großer landschaftlicher Schönheit und unfassbaren Kunstschätzen. Hier liegt die Heimat weltberühmter Künstler und die Wiege der Renaissance. Einwohner und Gäste gleichermaßen wissen das Leben in vollen Zügen zu feiern.

TOSKANA QUERBEET

Die Toskana hat **zehn Provinzen** mit mehr als **3,7 Millionen Einwohnern** und bietet eine Vielfalt an unterschiedlichen Landschaften: den grüneren Norden rund um **Lucca**, das hügelige Hinterland im Zentrum der Toskana und das fast schon bizarr anmutende Umland von **Siena**, die Crete Senesi – insgesamt eine Fläche von **rund 23 000 Quadratkilometern** geballter Schönheit. Fast **22 Millionen Übernachtungen** wurden **2020** gezählt, laut der Zeitung »La Repubblica« hatten die **Uffizien in Florenz** mit **1,72 Millionen Besuchern 2021** erstmalig mehr Publikum als das römische Kolosseum, Italiens ewiger Besuchermagnet Nummer eins.

328 KILOMETER

lang ist die Küste der Toskana mit Sandstränden, kleinen Buchten und vielen Strandbädern für Familien – von der Versilia-Küste bis in die Maremma. Auch die Insel Elba gehört zur Toskana, als Teil des Toskanischen Archipels mit insgesamt sieben Inseln.

BERÜHMTE PERSÖNLICHKEITEN

Dante Alighieri:
Dichter, 1265–1321
Filippo Brunelleschi:
Architekt, 1377–1446
Donatello:
Bildhauer, 1386–1466
Leonardo da Vinci:
Alleskönner, 1452–1519
Michelangelo: Bildhauer und Maler, 1475–1564
Galileo Galilei:
Wissenschaftler, 1564–1642
Giacomo Puccini:
Komponist, 1858–1924
Amedeo Modigliani:
Künstler, 1884–1920

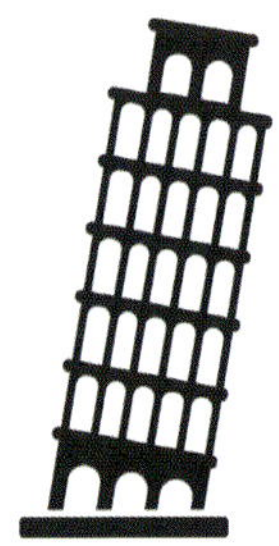

GANZ SCHÖN SCHRÄG

Auch wenn der Schiefe Turm von Pisa weltweit der berühmteste ist, ist er nicht der Einzige der Stadt. Ebenso die Glockentürme der Kirchen San Michele degli Scalzi und San Nicola haben Schieflage.

FERIEN AUF DEM BAUERNHOF

Agriturismi, schön gelegene landwirtschaftliche Betriebe, sind in der Toskana weit verbreitet und bringen Gäste und Gastgeber in persönlichen Kontakt. Das Hauptstandbein der Besitzer ist oft die Oliven- oder Weinproduktion. Für Gäste haben sie ihre Bauernhäuser nicht selten umgebaut und mit einigem Komfort ausgestattet.

350 PASTASORTEN

gibt es landesweit, mindestens. Pasta kommt als Röhre, Spirale oder Ohr daher. Obwohl zumeist nur aus Hartweizengrieß, schmeckt die Pasta doch überall anders. Denn auf die Sauce und Familienrezepte kommt es an.

59 WELTERBESTÄTTEN

– das ist Weltrekord! 53 anerkannte Weltkultur- und sechs Weltnaturstätten Italiens stehen auf der Liste der UNESCO, acht davon befinden sich in der Toskana. Zuerst wurde 1982 die historische Altstadt von Florenz aufgenommen, es folgten die Altstädte von San Gimignano (1990), Siena (1995) und Pienza (1996). Als bisher letzte Erbestätte der Toskana erhielt 2021 Montecatini Terme als wichtiger Ort der Kurmedizin diese Würdigung.

HIMMLISCHE BRUSCHETTA

Die köstliche und einfache Vorspeise wurde vermutlich schon im 15. Jahrhundert als Imbiss für Feldarbeiter gereicht. Ursprünglich rieb man frisch geröstetes Weißbrot mit Knoblauch ein, beträufelte es mit Olivenöl und würzte es mit Salz und Pfeffer. Später kamen feingewürfelte Tomaten mit Basilikum als Belag hinzu. Es gibt aber auch Varianten mit Kapern, Caprese oder Bresaola.

DOLCE VITA AUF ZWEI RÄDERN

Die romantischen Fahrten auf der **Vespa**, die Gregory Peck und Audrey Hepburn 1953 in dem Film »Ein Herz und eine Krone« durch Rom unternahmen, brachten ihre Erfolgsgeschichte ins Rollen: Bis heute ist die Vespa **Designikone**, **Kultobjekt** und **Verkaufsschlager**. Der Hersteller Piaggio, der ursprünglich auf Flugzeugmotoren spezialisiert war, hat sein Stammwerk im toskanischen **Pontedera**. Seit 1946 wird die Vespa in dem Werk gefertigt, das etwa so groß ist wie die Stadt selbst, eine Art kleines Wolfsburg. Hier gibt es auch das sehenswerte **Piaggio Museum**. Piaggio ist der **größte Motorrad- und Rollerhersteller** Europas.

UNSER NACHHALTIGKEITSKODEX

Die Welt birgt viele Wunder, Abenteuer und spektakuläre Aussichten, die wir gerne erkunden möchten. Doch sie ist auch leicht aus dem Gleichgewicht zu bringen. Hier ein paar Tipps, wie wir unsere Welt nachhaltig entdecken können:

- **Die Hauptsaison meiden:** Wenn wir nicht gerade auf die Ferienzeiten angewiesen sind, können wir der Umwelt einen großen Gefallen tun, indem wir in der Nebensaison verreisen. Damit tragen wir zu einer gleichmäßigeren Auslastung der Umwelt und der Infrastruktur bei, und der Urlaub wird dazu auch noch wesentlich entspannter.

- **Die Aufenthaltsdauer dem Reiseziel anpassen:** Je weiter das Reiseziel ist, desto länger sollte der Aufenthalt sein. Dadurch lernen wir die Region nicht nur intensiver kennen, sondern stärken sie ganz nebenbei noch durch unsere Ausgaben vor Ort. Anfahrtsintensive Tagesausflüge sollten besser vermieden werden, das bedeutet nur Stress, sowohl für die Umwelt als auch für uns selbst.

- **Auf umweltschonende Verkehrsmittel setzen:** Wo es möglich ist, reisen wir mit öffentlichen Verkehrsmitteln an. Das reduziert nicht nur die Luftverschmutzung, sondern schont auch unsere Nerven. Falls das nicht geht, helfen verschiedenste Plattformen dabei, den CO_2-Ausstoß auszugleichen, vor allem, wenn das gewünschte Reiseziel nur mit dem Flugzeug zu erreichen ist.

- **Nur dort parken und campen, wo es erlaubt ist:** Selbst, wenn wir uns noch so vorbildlich verhalten und unseren Aufenthaltsort so hinterlassen, wie wir ihn vorgefunden haben, stören wir den Lebensraum von Wildtieren und hinterlassen Spuren und Gerüche. Auch Lagerfeuer entzünden wir ausschließlich an den dafür vorgesehenen Stellen und achten dabei auf Waldbrandstufen und Naturschutzgebiete.

- **Ressourcen gewissenhaft nutzen:** Manche Umweltressourcen sind bereits knapp, endlich sind auf jeden Fall alle. Um sie zu schonen, sollten wir sparsam mit ihnen umgehen, gerade in Gegenden, in denen zum Beispiel Wasser oder Strom nicht im Überfluss vorhanden sind.

- **Ein guter Gast sein:** Nachhaltig unsere Umgebung zu erkunden bedeutet auch, der hiesigen Flora und Fauna mit Respekt zu begegnen. Pflanzen sollten auf keinen Fall gepflückt werden, aber sie stehen uns bestimmt gerne Modell für das eine oder andere Foto. Das Gleiche gilt für wilde Tiere: Wir füttern sie nicht, halten Abstand und beobachten sie aus der Ferne.

- **Auf den Wegen bleiben:** Wer die vorgegebenen Wege verlässt, dringt nicht nur in die Rückzugsräume heimischer Arten ein, sondern trägt auch dazu bei, dass sich neue Wege bilden, was zur Erosion des Bodens führt.

- **Abfall wieder mitnehmen:** Plastikverpackungen jeglicher Art, Dosen, Flaschen und Papiertaschentücher (es dauert Jahre, bis sich ein einzelnes Taschentuch vollständig abgebaut hat!) gehören nicht in die Natur, sondern artgerecht entsorgt. Am besten gleich eine wiederverwendbare Brotdose oder Trinkflasche mitnehmen. Dazu zählen natürlich auch Toilettenpapier und der Inhalt von (Chemie-)Toiletten. Entsprechende Entsorgungsstationen finden sich überall.

- **Lokal kaufen:** Dadurch lernen wir Land und Leute besser kennen und unterstützen die regionale Wirtschaft, außerdem sind regionale Produkte meist auch preisgünstiger und qualitativ hochwertiger.

So wie wir die Umwelt respektieren, wollen wir auch unseren Mitmenschen und deren Kultur Respekt entgegenbringen, gerade im Hinblick auf Traditionen, Religion oder typische Gebräuche. Ein Lächeln etwa oder ein paar Worte in der Landessprache können Berge versetzen!

Eine der sieben großen polychromen Allegorien des Malers Basilio Cascella in der Tettuccio-Therme von Montecatini Terme

Blaues Wasser, glattgeschliffene Granitfelsen und ockerfarbener Sandstrand in der Bucht von Sant'Andrea – ein kleines Stück Paradies auf Elba

VORWORT

MALERISCHE SCHÖNHEIT

Die Toskana ist ein Sehnsuchtsort. Eine Kulturlandschaft, die mit ihren Juwelen der Architektur und Gartengestaltung stets aufs Neue die Sinne zu betören vermag. Wer einmal ihre Schönheit mit den sanften Hügeln, schlanken Zypressen und geschichtsträchtigen Städten gesehen hat, kommt immer wieder.

Kennst du das Land, wo die Zitronen blühn,/ Im dunkeln Laub die Goldorangen glühn,/ Ein sanfter Wind vom blauen Himmel weht,/ Die Myrte still und hoch der Lorbeer steht?/ Kennst du es wohl? Dahin!/ Dahin möcht' ich mit dir,/ O mein Geliebter, ziehn.« Berühmte Zeilen von Johann Wolfgang von Goethe, entstanden nach seiner Italienreise (1786–1788). Die Literatur strotzt nur so von Lobpreisungen und Sehnsuchtsbekundungen, und ich kann nichts über die Schönheit der Toskana erfinden, was nicht schon gepriesen worden ist. Aber dieses Buch kann Ihnen helfen, eine Auswahl an Orten zu treffen, wo Sie den Zauber der Toskana besonders spüren und auch diejenigen ein wenig überraschen, die schon hier waren.

Einige Klassiker dürfen natürlich nicht fehlen, etwa die gotische Pracht Sienas oder der Schiefe Turm von Pisa, dessen Anblick schon Heinrich Heine beglückte. Hermann Hesse schrieb über den Platz der Wunder: »Wen hier nicht ein Gefühl von Ehrfurcht und heiligem Schauer überwältigt, der ist vergebens nach Italien gekommen.« Ich erzähle Ihnen die Geschichte eines Turms, der nie eine Chance hatte, gerade zu stehen. Auch Michelangelos David in Florenz ist ein Muss. Unwiderstehlich ist dieser aus feinstem Marmor gemeißelte Jüngling mit den perfekten Proportionen. Dabei wäre er fast nicht entstanden. Michelangelo hatte den Mut und das Können. Über ihn sagte der amerikanische Schriftsteller Mark Twain: »Der Schöpfer hat Italien nach Entwürfen von Michelangelo gemacht.«

← Hügellandschaft und Zypressenalleen prägen das Landschaftsbild im Süden der Toskana.
↑ Der Neptunbrunnen auf der Piazza della Signoria in Florenz, vergoldet vom Abendlicht
↗ Die Via di Seteria mit ihren kleinen Restaurants führt vom Corso Italia zur Piazza Grande in Arezzo.

Einige in der italienischen Renaissance entstandene Bauten sind wahrlich himmlische Werke. Sie wurden von Meistern ihres Fachs geschaffen, auch Filippo Brunelleschi war einer von ihnen, seine Kuppel des Doms von Florenz bleibt bis heute einmalig. Sie steht im Mittelpunkt eines Kapitels, denn selbst Michelangelo konnte mit seinem späteren Kuppelbau für den Petersdom in Rom dieses Meisterwerk nicht übertrumpfen.

Weingüter wie Kunstwerke

Und was wäre die Renaissance ohne die Medici, ohne die Zeugnisse ihrer Macht – die Villen und Gärten und natürlich ihre ehemaligen »Bürogebäude«, die Uffizien, heute eine Ikone unter den Museen. Doch kennen Sie den Geheimgang der Medici oder wussten Sie, dass Napoleon eine ihrer Statuen stahl, weil er sie so schön fand? Apropos Napoleon, zugegeben, seine erste Verbannungsinsel wäre ohne ihn nicht das, was sie heute ist, doch Elbas Schönheit hat so viel mehr zu bieten als die Spuren Napoleons. Ihre Buchten und Strände sind paradiesisch, wer allerdings den Charme mondäner Seebäder bevorzugt, sollte die Versilia-Küste besuchen.

Da wäre noch das Lebensgefühl, das die Bewohner der Toskana zelebrieren – beim gemeinsamen Essen und auf zahlreichen Festen. Die großen Rotweine wie der Brunello, der Chianti oder der Vino Nobile di Montepulciano, gewachsen in Landschaften mit Weingütern, die selbst Kunstwerke sind, machen es noch schöner. *Dolce* ist hier nicht nur das Leben, sondern ebenso das köstliche Eis, wie etwa in San Gimignano oder einer kleinen Hafenstadt auf Elba. Goethe meint dazu: »Das ist das Angenehme auf Reisen, dass auch das Gewöhnliche durch Neuheit und Überraschung das Ansehen eines Abenteuers gewinnt.« Möge das mit diesem Buch gelingen. Buon Viaggio!

Sabine Mischnat

Der Ort Villetta mit der Eisenbahnbrücke an der Bahnstrecke Aulla–Lucca liegt mitten in der Gebirgslandschaft der Garfagnana.

DER NORDEN

Kulturhauptstädte Europas und traumhafte Landschaften

1

FLORENZ – MICHELANGELOS DAVID

EIN MANN FÜR DIE EWIGKEIT

Lange bevor Michelangelo den Meißel an seinem David ansetzte, war die Skulptur zu einem heiß diskutierten Fall im Florenz des Jahres 1464 geworden. Die Geschichte dieser formvollendeten und weltberühmten Figur der Renaissance, die erst 1504 an ihren Bestimmungsort gelangte, hätte auch anders ausgehen können.

Der David, über fünf Meter strotzende männliche Kraft, aus Marmor geformt, Muskeln und kraftvoll perfekte Hinterbacken, die nicht wie aus Stein gemeißelt wirken – diese Figur ist kaum an Schönheit und Stärke zu übertreffen. Sie spiegelt die Größe der florentinischen Republik jener Zeit wider. Dieser biblische Jüngling, der selbst antiken Schönheitssymbolen den Rang abläuft, wäre damals fast dem Größenwahn seiner Planer und dem fehlenden Geschick einiger Bildhauer zum Opfer gefallen und unvollendet als gigantischer Steinblock liegen geblieben.

Seit 200 Jahren waren die Stadtväter von Florenz dafür bekannt, auf allen Gebieten die Größten sein zu wollen, und so gaben die Mitglieder der Dombauhütte eine Monumentalfigur aus weißem Carrara-Marmor von neun Ellen Höhe in Auftrag. Monumentalfiguren waren zuletzt in der Antike angefertigt worden, deshalb sollte die Figur zunächst aus vier Teilen entstehen. Einem erfahrenen Steinbrecher gelang es dann, einen gigantischen Steinblock aus einem Berg der Apuanischen Alpen zu schneiden und grob bearbeitet dem beauftragten Bildhauer nach Florenz zu bringen. Doch dieser gab auf, wie ein weiterer nach ihm. Im Juli 1501 fiel dann der Entschluss, den groben Steinklotz auf dem Bauplatz der Domhütte aufzurichten – weiter auf der Suche nach einem Meister seines Fachs, der die Figur vielleicht doch noch würdevoll beenden könnte.

Vollkommenes Ebenmaß

Im August 1501 nahm der junge Michelangelo Buonarroti, der schon durch einige Arbeiten aufgefallen war, den Auftrag an. Er forderte ein höheres Honorar und ließ eine Mauer um seinen Arbeitsplatz errichten, um sich vor den neugierigen Blicken zu schützen. Was Michelangelo nach drei Jahren aus dem Marmorblock hervorzauberte, brachte ihm Lob und Ruhm, schon zu Lebzeiten. Mit dem David wurde der florentinischen Öffentlichkeit kein Knabe, sondern ein wunderschöner Jüngling präsentiert, der Mut und Stärke ausstrahlt und der den Stolz und die Freiheit ihrer Stadt symbolisiert. Diese Ausstrahlung fesselt ungebrochen seit mehr als fünfhundert Jahren.

Auch heute noch steht der David im weltlichen Zentrum von Florenz, auf der Piazza della Signoria vor dem Palazzo Vecchio, allerdings als Kopie. Das Original überragt seit 1882 seine Betrachter in der Galleria dell'Accademia. Die Möglichkeit, dieser detailreichen Figur einmal ganz nah zu sein, lässt einen jede Wartezeit vergessen.

INFO

GESCHEITERTER MEISTER

Die beeindruckenden Statuen der *Prigioni*, die Gefangene oder Sklaven darstellen, hat Michelangelo eigentlich für das Grabmal von Papst Julius II. entworfen und begonnen. Diese riesigen Figuren scheinen sich aus dem Marmor freizukämpfen zu wollen. Das Werk wurde nie vollendet.

Um den gigantischen David damals aus der Domwerkstatt die kurze Strecke bis vors Rathaus auf die Piazza della Signoria zu transportieren, waren Vorsicht und Manpower erforderlich. Vermutlich vierzig Männer waren nötig, um die durch ein Gerüst gesicherte Monumentalfigur langsam über gewachste Balken vorwärtszuschieben wie ein Boot. Auch wurde eine Seilwinde benutzt. Vier Tage dauerte der Umzug, denn jegliche Erschütterung musste vermieden werden.

WEITERE INFORMATIONEN

Galleria dell'Accademia, Via Ricasoli 58/60, 50122 Firenze, galleriaaccademiafirenze.it
cittametropolitana.fi.it
florence-museum.com

↖ Michelangelos formvollendeter David steht seit 1882 in der Galleria dell'Accademia.
↑ Die Piazza della Signoria mit dem Palazzo Vecchio bildet das Zentrum von Florenz.

2

FLORENZ – UNVERGLEICHLICHE DOMKUPPEL

DAS MEISTERWERK

Die mächtige Kuppel des Duomo, wie die Kathedrale kurz genannt wird, ist schon von Weitem erkennbar, nähert man sich Florenz. Diese bis heute größte gemauerte Kuppel der Welt gehört zu den beeindruckendsten Werken der Renaissance. Ihre Entstehung ist untrennbar mit dem Namen Filippo Brunelleschi verbunden.

Der Bau der Kathedrale wurde weit vor Brunelleschis Wirken begonnen, doch war es der 1377 in Florenz geborene Architekt, der den Dom zu einem sensationellen Bauwerk vollendete. Die Basilika, einen der größten Kirchenbauten Europas, hatte Arnolfo di Cambio 1296 entworfen mit dem Auftrag, ein Symbol für die wirtschaftliche und politische Macht des erstarkenden Florenz zu schaffen, das alles bisher Dagewesene in den Schatten stellen sollte. Das gelang. Allerdings musste Filippo Brunelleschi, Architekt, Ingenieur, Mathematiker und Bildhauer, in seiner Schaffensphase zwischen 1420 und 1436 auch einige Rückschläge hinnehmen, bis die einzigartige doppelschalige Kuppel von fast 45 Metern Durchmesser und 90 Metern Höhe fertig war. Mit der zur Kuppel gehörigen Laterne, dem turmartigen Aufbau, sind es 116 Meter.

Brunelleschi verstand es, Maurer, Steinmetze, Zimmerleute, Schmiede, Bleigießer und andere Handwerker so für sein Vorhaben zu begeistern, dass sie zur Höchstform aufliefen. Mussten sie auch, denn die Arbeit war hart und herausfordernd. Er selbst musste ständig nach neuen technischen Lösungen suchen, er erfand Beleuchtungssysteme, damit die Handwerker nicht in den dunklen Treppenschächten stürzten, es gab Treppen für den Aufstieg und andere für den Abstieg.

Genie Brunelleschi

Bis zum höchsten Punkt sind es 463 Stufen, Touristen mühen sich nach oben, kaum vorstellbar, dass die Arbeiter täglich hier hochkletterten. Welch gute körperliche Verfassung müssen sie gehabt haben, um jeden Morgen im Halbdunkel einen Höhenunterschied zu überwinden, der dem eines vierzigstöckigen Gebäudes entspricht. Brunelleschi ließ einen Kran bauen, um den auch für die Kuppel bestimmten Marmor blockweise in die Höhe zu transportieren (der wertvolle Marmor aus Carrara wurde zwischenzeitlich knapp). Er erdachte statische Finessen, um die Mauern und das Langdach von den enormen 37 000 Tonnen Gesamtgewicht der Kuppel zu entlasten. Zu den baulichen Besonderheiten zählt die Reihe kleiner bullaugenähnlicher Fenster an der Außenschale der Kuppel, sie ließen Licht und Luft in die Gänge aus feuchtem Stein und machten die Kuppel zudem windsicherer. Das Innere ist mit einem der größten Fresken der Welt verziert: »Das Jüngste Gericht« von Giorgio Vasari und Federico Zuccari mahnt mit gestikulierenden Skeletten und Heugabeln schwingenden Dämonen vor dem Letzten Tag.

INFO

UNERREICHTE DIMENSIONEN

Selbst Michelangelo musste vor so viel Können kapitulieren, als er als Baumeister die Kuppel der Peterskirche in Rom in Angriff nahm. Er studierte das Werk Brunelleschis und kam zu dem Ergebnis, dass er dessen Kuppel nicht übertreffen könne. Als die Kuppel in Rom 1590 fertig war, hatte sie einen fast drei Meter kleineren Durchmesser, und auch die Anmut der *Cupola* in Florenz blieb unerreicht.

In der Krypta können die freigelegten Reste der ersten Kirche aus dem 5. Jahrhundert bewundert werden, außerdem Teile antiker Mosaikböden sowie das Ehrengrab des Architekten, der nach seinem Tod 1466 unter der Kuppel aufgebahrt wurde.

Wer ein Faible für italienische Masken hat, sollte den Maskenladen und die Werkstatt von Alice und Agostini Dessi in Florenz besuchen. Kunstvolle handgemachte Masken so weit das Auge reicht.

WEITERE INFORMATIONEN

Alice's Masks Studio, Via Faenza 72r, 50126 Firenze, alicemasks.com

↑ Wunderschöne Masken aus Pappmaschee – aus der Werkstatt von Alice und Agostino Dessi
← Die weithin sichtbare Kuppel von Santa Maria del Fiore ist das Wahrzeichen der Stadt.

Mit ein wenig Abstand wird das volle Ausmaß der Schönheit von Florenz deutlich.

3

FLORENZ – DIE UNGLAUBLICHEN UFFIZIEN

SCHATZKAMMER DER MEDICI

Die Anziehungskraft des Museums, in dem die Medici schon 1581 ihre Kunstsammlung und bedeutende Gemälde der Renaissance ausstellten, ist ungebrochen. Die Besucherzahlen sind unter Direktor Eike Schmidt sogar gestiegen. Der erste Ausländer in der Chefetage lockte vor allem Leute unter 25 Jahren wieder ins Museum.

Knapp ein Drittel der Besucher 2022 waren in diesem Alter, nicht nur weil sie einen reduzierten Eintrittspreis von zwei Euro zahlten (bis 18 Jahre ist der Eintritt frei), auch weil sich der Direktor nicht der digitalen Affinität der jungen Klientel versperrte. Seit er eine bekannte italienische Modebloggerin eingeladen hatte, weckte ihr Selfie vor einem der bedeutendsten Meisterwerke des Museums – Botticellis »Geburt der Venus« – großes Interesse bei der jüngeren Generation. Im Jahr 2016 sorgte die Verfilmung von Dan Browns Thriller »Inferno« mit Hollywoodstar Tom Hanks für einen Ansturm auf das Museum. Nach acht Jahren Uffizien leitet Eike Schmidt, inzwischen italienischer Staatsbürger, seit 2024 das Nationalmuseum Capodimonte in Neapel.

Menschen jeden Alters und aller Nationalitäten strömen in den Palazzo mit seinen vielen Sälen, ursprünglich mal Arbeitsstätte der Medici: *Ufficio* heißt Büro. Auf gut 13 000 Quadratmetern über drei Etagen verteilt gibt es Kunstwerke vom 13. bis 18. Jahrhundert. Diese Zeitreise ist dank der Medici einzigartig auf der Welt. Als 1743 das letzte Familienmitglied starb, ging die Sammlung an die Stadt mit der Auflage, dass sie Florenz nie verlassen dürfe.

Stars der Renaissance

Botticelli gehört eindeutig zu den beliebtesten Renaissancekünstlern. In der spektakulären Sala di Botticelli im zweiten Stock wollen alle die Venus, den »Frühling«, »Die Anbetung der Heiligen Drei Könige« oder die »Madonna del Magnificat« von 1483 bewundern. Der intensiven Bildwirkung kann man sich kaum entziehen, nicht Tizians »Venus von Urbino«, nicht dem »Engelsturz« von Andrea Commodi und erst recht nicht Raffaels »Madonna mit Kind und Hl. Johannes« oder Michelangelos Heiliger Familie, »Tondo Doni«. Auch Werke von Künstlerinnen faszinieren wie die Frauenporträts von Rosalba Carriera (1673–1757), einer Venezianerin, die als Einzige mit Pastellfarben malte und als selbstbewusste und erfolgreiche Geschäftsfrau galt.

Die Medici versteckten ihre besonderen Schätze gerne in der Tribuna, dem Herzstück der Uffizien, einem achteckigen Saal mit tiefroten Seidentapeten, gekrönt von einer mit Tausenden Perlmuttmuscheln dekorierten Kuppel. Zu einer kleinen Sammlung antiker Skulpturen gehört eine Marmorvenus griechischen Ursprungs, so schön, dass Napoleon Bonaparte sie einst stehlen und nach Paris bringen ließ, erst 1815 kehrte die Venus in die Uffizien zurück.

← Die Uffizien beherbergen einige der bedeutendsten Kunstwerke aller Zeiten.
↓ Einfach lecker: geröstetes Weißbrot mit Olivenöl, Lardo und toskanischer Salami

INFO

FRÜHE VÖGEL

Dienstags bis sonntags sind die Uffizien von 8.15 bis 18.50 Uhr geöffnet. Für den Besuch empfiehlt sich frühes Aufstehen, wer gleich zur Öffnung des Museums da ist, ist vor den Massen unterwegs. Eine Onlinebuchung von Zeitfenstern und Führungen über verschiedene Anbieter vermeidet zudem das lange Anstehen. Die Eintrittspreise sind in den letzten Jahren deutlich gestiegen, aber an jedem ersten Sonntag eines Monats ist der Besuch der Uffizien kostenlos. Ein anderes kulturelles Großereignis ist die Biennale, die internationale Kunstmesse.

Wer nach so viel Renaissance hungrig ist, kann in der kleinen Trattoria Le Mossacce nicht weit vom Dom richtig gut essen. Hier kocht seit über 50 Jahren die Familie Fanton-Mannucci traditionelle toskanische Gerichte zu angemessenen Preisen.

WEITERE INFORMATIONEN

Trattoria Le Mossacce, Via del Proconsolo 55r, 50122 Firenze, trattorialemossacce.it
uffizi.it
florencebiennale.org

4

FLORENZ – DER PONTE VECCHIO

DAS WAHRZEICHEN

Der 1345 erbaute Ponte Vecchio war die einzige Florentiner Brücke, die im Zweiten Weltkrieg der Zerstörungswut der Deutschen Wehrmacht bei ihrem Rückzug entging. Seither gilt die Brücke als das Herz von Florenz. Als Teil des historischen Zentrums steht sie seit 1982 auf der Liste der UNESCO-Welterbestätten.

Erstmalig wurde die Steinbrücke über die engste Stelle des Arno 972 urkundlich erwähnt, zweimal danach rissen Fluten die Brücke bei großen Überschwemmungen weg. 1966 wäre das fast noch einmal passiert, und einige Juweliere mussten zusehen, wie ihre Schätze von der Kraft des Wassers aus den Läden gespült wurden. Doch die Brücke hielt stand, und die Juweliere gibt es immer noch. Seit dem 16. Jahrhundert prägen sie das Geschäftsleben auf dem Ponte Vecchio, andere Läden sind nicht erlaubt. So erstrahlen ihre Auslagen voll mit Gold und glitzernden Steinen, ein Handwerk, das von Generation zu Generation weitervererbt wird.

Zu verdanken ist das Ferdinand I. aus dem Haus Medici. Der Kardinal und Großherzog der Toskana veranlasste, dass sich die Goldschmiedemeister auf der Brücke ansiedelten, nicht ganz uneigennützig. Mit der noblen Zunft begann die goldene Zeit des Ponte Vecchio, denn bis dahin war dies ein übelriechender Ort, an dem die Schlächter der Stadt ihre Fleischabfälle in den Fluss entsorgten.

Geheimer Gang

1565 vergaben die Medici den Auftrag für einen »Privatweg«, den Corridoio Vasariano, über die Brücke. Der von Giorgio Vasari in nur fünf Monaten gebaute Gang stellte eine Verbindung zwischen dem Palazzo Vecchio, den Uffizien, quasi der Arbeitsstätte des Großherzogs, und dem Palazzo Pitti auf der anderen Flussseite her. Ferdinand residierte im Palazzo Pitti, der in dieser Zeit zum größten Renaissance-Palast südlich des Arno ausgebaut wurde.

Der überdachte und mehr als 800 Meter lange Verbindungsgang darf bis heute als rätselhaft gelten, war er doch erbaut, damit die Medici ohne Aufsehen von einem Palast zum anderen gelangen konnten. Ursprünglich hatte der Gang winzige, teils von Gittern geschützte Fenster, doch angeblich ließ Mussolini große Fensteröffnungen in die Mauern reißen, um seinen Diktatorfreund Hitler mit einem besseren Blick zu beeindrucken, als dieser 1938 Florenz besuchte. Der Corridoio Vasariano wurde einige Jahre aufwendig restauriert und ist seit 2020 Teil der Uffizien-Museen. In dem stellenweise nur einen Meter breiten Gang ist eine einzigartige Sammlung berühmter Selbstporträts der Medici ausgestellt – von Andrea del Sarto, Rubens, Delacroix oder Rembrandt. Rund 800 Gemälde schmücken den Korridor. Eine halbe Stunde Zeit sollte man für den Fußmarsch durch den früheren Geheimgang einplanen.

INFO

GLÜCKSBRINGER ENTDECKEN

Wer suchet, der findet! Auf dem Dach eines Ladens, von dem aus man über den winzigen Platz auf die Mitte des Ponte Vecchio schaut, steht auf einer schmalen Säule eine kleine Sonnenuhr. Auf der Säule kriecht eine steinerne Eidechse. Für die Einheimischen gilt sie als Glücksbringer für die Person, die sie entdeckt. Eine Steintafel erinnert an das Hochwasser im Jahr 1333, das die Brücke zum Einsturz brachte, und an ihren Wiederaufbau »zur Zufriedenheit der Stadt« zwölf Jahre später. Nach dem letzten schweren Hochwasser im November 1966 wurde stromaufwärts der Hochwasserschutz ausgebaut.

Obwohl ganz nah an den Touristenhotspots Ponte Vecchio und Uffizien, ist die Trattoria Ponte Vecchio wärmstens zu empfehlen. In nettem, rustikalem Ambiente gibt es sehr gute Gerichte zu angemessenen Preisen.

WEITERE INFORMATIONEN

Trattoria Ponte Vecchio, Lungarno degli Archibusieri 8, 50122 Firenze, Facebook.com/trattoriapontevecchiofirenze

↖ Der Ponte Vecchio ist die älteste heute noch existierende Brücke über den Arno.
↑ *Ovoli*, die begehrten Speisepilze der Toskana, zählten zu den Leibgerichten Cäsars.

5

FIESOLE – DER LOGENBLICK

IDEAL FÜR DIE VERSCHNAUFPAUSE

Wer Florenz besucht hat, sollte sich einen erholsamen Perspektivwechsel gönnen und das malerische Fiesole besuchen, gerade mal acht Kilometer nordöstlich von der Kunstmetropole entfernt gelegen. Der Ort schmiegt sich in die Hügel und bietet einen umwerfenden Blick auf die toskanische Hauptstadt und die Ebene.

Schon Giovanni Boccaccio, Marcel Proust und Gertrude Stein waren von der Ruhe begeistert und liebten die gute Luft dieses idyllischen, höher gelegenen Städtchens. Mit dem Blick auf Olivenhaine und elegante Renaissance-Villen ließen zahlreiche Maler und Dichter im 19. und frühen 20. Jahrhundert hier die Seele baumeln.

Fiesole entstand im 7. Jahrhundert v. Chr. als Siedlung der Etrusker, die lange ein wichtiges Zentrum im nördlichen Etrurien war, das auch die Römer schätzten. Das Archäologische Museum zeigt sehenswerte Skulpturen, Keramiken und Schmuck von der Bronzezeit bis ins Römische Kaiserreich. Noch heute sieht man in der Nähe einige Ruinen eines kleinen etruskischen Tempels und einer römischen Bäderanlage. Auch ein römisches Amphitheater mit 2000 Plätzen aus dem 1. Jahrhundert v. Chr. samt seinen alten Steinstufen ist noch gut erhalten. Im Sommer treten hier zahlreiche Musiker und Schauspieler beim ältesten Open-Air-Festival Italiens, der Estate Fiesolana, auf.

Idyll in den Hügeln

Die Innenstadt entdeckt man am besten vom zentralen Platz aus. An der Piazza Mino da Fiesole liegt die Cattedrale di San Romolo mit ihrem schlanken markanten Glockenturm, deren Grundstein im 11. Jahrhundert gelegt wurde. Wenn auf dem Platz am ersten Sonntag im Monat der Antiquitätenmarkt stattfindet, erlebt man die heitere Stimmung des Städtchens auch auf den Caféterrassen. Von der Piazza führt ein von Mauern gesäumter Weg steil hinauf zum Convento di San Francesco aus dem 14. Jahrhundert, einem schlichten romanischen Bau mit Rosette. Hier oben hat man das denkbar schönste Florenzpanorama und kann zahlreiche Spaziergänge unternehmen.

Auch den Medici konnte dieses wundervolle Fleckchen Erde nicht entgehen, und so bauten sie sich im 15. Jahrhundert in den Hügeln bei Fiesole ein paar Kilometer nördlich der Stadt ihre eigene grüne Oase. Die luxuriöse Villa mit einem gigantischen Renaissancegarten, der sich über drei Terrassen verteilt, ist eine der ältesten Villen der Medici, die sie zu Lebzeiten auch als Treffpunkt für Künstler, Philosophen und Schriftsteller nutzten. Das prächtige Gebäude verblieb bis 1671 im Besitz der Familie. Heute heißt das Anwesen Villa Demidoff, benannt nach dem russischen Prinzen Pawel Demidoff, der sie im 19. Jahrhundert umgestalten ließ. Die Parkanlage, der Parco Mediceo di Pratolino, ist immer noch ein lohnenswertes Ausflugsziel.

INFO

BESTE ADRESSEN

Reisende, die sich etwas gönnen möchten oder einen besonderen Anlass haben, können nicht romantischer gebettet sein als in der Villa San Michele in Fiesole. Das exklusive Hotel in einem ehemaligen Kloster bietet von seiner Loggia einen herrlichen Blick auf Florenz und die typische toskanische Landschaft. Angeblich soll Michelangelo die Fassade des Gebäudes entworfen haben.

Im Restaurant La Reggia degli Etruschi auf den Hügeln etwas außerhalb des Städtchens kann man nicht nur vorzüglich essen und guten Wein trinken, sondern zudem die gemütliche Atmosphäre genießen. Auch hier gibt es einen fantastischen Blick auf Florenz, besonders von der Terrasse.

WEITERE INFORMATIONEN

cittametropolitana.fi.it
Sommerfestival Estate Fiesolana, estatefiesolana.it
Villa San Michele, Via Doccia 4, 50014 Fiesole, belmond.com
La Reggia degli Etruschi, Via S. Francesco 18, 50014 Fiesole, lareggiadeglietruschi.com

↑ Früher Kloster, heute ein exklusives Hotel – die Villa San Michele in Fiesole
← Von der Villa San Michele blickt man auf das wenige Kilometer entfernte Florenz.

6

CARRARA – FEINSTE ROHSTOFFE

VON WEISSEM MARMOR UND GUTEM SPECK

Vor den wie schneebedeckt wirkenden Ausläufern der Apuanischen Alpen liegt Carrara, berühmt für seinen Marmor. Es sind die freigelegten Steinflächen des wohl weltweit größten Marmorfeldes, die von Weitem weiß leuchten. Aus der Nähe erkennt man je nach Steinbruch feine Marmorierungen in zarten Grau- und Grüntönen.

Das kostbare Gestein war schon den Römern bekannt, und Michelangelo wählte hier das Material für seine Kunst. Seit dem 12. Jahrhundert gibt es Belege für den Marmorabbau in Carrara, in etwa 180 Steinbrüchen wird heute noch Marmor gewonnen. Ihren Höhepunkt erlebte die Marmorwirtschaft im 18. und 19. Jahrhundert. Tausende Arbeiter mussten unter gefährlichen Bedingungen mühselig meterlange Marmorblöcke aus den Felsen herausbrechen. Viele starben, erst Erfindungen wie wasserbetriebene Steinsägen oder mit Dieselkraftstoff laufende Maschinen brachten Erleichterung. Oberhalb von Miseglia fuhr einst die Marmorbahn über zwei bis heute erhaltene hohe Brücken. Hier kann man in einen unterirdischen Steinbruch einfahren, in die Galleria Ravaccione. Der größte Marmorsteinbruch, Cava Gioia, liegt im Hinterland von Carrara.

Weltweit begehrt

Die Stadt prahlt selbstverständlich mit ihrem wertvollen Material, der Dom von Carrara, teils romanisch und gotisch gestaltet, ist zur Gänze mit Marmor verkleidet, und an seiner Fassade ist eine edle Marmor-Rosette zu sehen. Der Marmor wurde in ganz Italien verbaut – am Dom von Florenz, in Siena, dem Petersdom in Rom oder am Turm von Pisa, ebenso im ehemaligen World Trade Center oder der Grande Arche in Paris. Auguste Rodin wollte ihn unbedingt für seine Skulptur »Der Kuss«.

Carraras prachtvolle Accademia di Belle Arti, die im Palazzo Cybo Malaspina residierende Bildhauerschule, repräsentiert würdig die Bedeutung des Marmors. Sie ist für Besucher zugänglich und überaus sehenswert. Das gilt auch für das Museo Civico del Marmo, das Werke und Werkzeuge aus verschiedenen Epochen zeigt. Einblicke in die Marmorbearbeitung der Römer bietet das informative Freilichtmuseum am Steinbruch Fantiscritti, das Cava Museo. Nicht weit entfernt liegt das Bergdorf Colonnata. Von dort stammt der *Lardo di Colonnata.* Dieser besondere Schweinerückenspeck wird mit Meersalz, frischem Knoblauch, Kräutern und Gewürzen (einer geheimen Mischung aus Muskatnuss, Zimt, Rosmarin und Salbei) in Marmortröge eingelegt und muss sechs bis zehn Monate im kühlen Keller reifen. Die Speckstücke sehen dann selbst ein wenig aus wie Miniaturausgaben von Marmorblöcken. Einst war der *Lardo* eine nahrhafte Mahlzeit für die Arbeiter in den Steinbrüchen. Heute gilt er hauchdünn geschnitten auf geröstetem Weißbrot als Delikatesse.

← Tonnenschwere Marmorblöcke werden im Valle di Colonnata aus dem Berg geschnitten.
↓ Der *Lardo di Colonnata* galt als »Schmalz« der armen Leute, heute ist er eine Delikatesse.

INFO

SPEZIALITÄTEN ALLER ART
Im Skulpturenatelier Studio Nicoli in Carrara kann man Kunst und Kunsthandwerk aus der Nähe erleben. Bei einer Führung durch die Werkstatt zwischen Staub und Arbeitsgeräuschen gibt es unvergessliche Eindrücke von der Bildhauerei und der Entstehung der unterschiedlichen Kreationen – vom Gipsmodell bis zur Marmorskulptur.

Für Liebhaber von Speck empfiehlt sich die Antica Larderia Mafalda in Colonnata. In dem gemütlichen Feinkostgeschäft mit Bar gibt es den berühmten *Lardo di Colonnata* und andere Spezialitäten.

WEITERE INFORMATIONEN
Wer die Steinbrüche besuchen möchte, sollte einen Sonntag dafür einplanen. Denn die Straßen sind schmal, und an Überholen ist nicht zu denken. Wochentags sind hier die mit Marmor vollbeladenen Laster in Richtung Küste unterwegs.
Skulpturenatelier Studio Nicoli, Piazza XXVII Aprile 8/E, 54033 Carrara, studidiscultura.it
Antica Larderia Mafalda, Via Fossacava 2, 54033 Colonnata, anticalarderiamafalda.com

7

PIETRASANTA – KUNSTMEKKA IN DER VERSILIA

BILDHAUEREI ZUM ANFASSEN

Etwas entfernt von der Küste liegt das weniger bekannte Pietrasanta mit seiner malerischen Altstadt und einer lebendigen Kunstszene. Ein Ort, den man nicht verpassen sollte, auch weil hier die Bildhauerkunst eine lange Tradition hat! In den offenen Werkstätten kann man den Künstlern bei der Arbeit zuschauen.

In den nahegelegenen Steinbrüchen arbeiteten schon Donatello und Brunelleschi, später auch Michelangelo. Sie begründeten den Ruf, dem bis heute Künstler und Kunsthandwerker aus aller Welt folgen. Kreative kommen gerne, um in Pietrasanta für einige Zeit zu leben, zu arbeiten, Teile ihrer Ausbildung zu absolvieren und sich mit anderen auszutauschen. Viele Kunstschaffende haben ihre Spuren hinterlassen, und zahlreiche künstlerische Arbeiten und Skulpturen schmücken die Stadt.

Das gesamte Zentrum ist eine Kunstzone, die sich Richtung Meer bis nach Marina di Pietrasanta erstreckt. Geht man durch das Tor der Altstadt, gelangt man auf die zentrale Piazza del Duomo. Dieser Platz wird als Open-Air-Galerie für Skulpturen und saisonal wechselnde große Kunstwerke genutzt. Überall sind Galerien, Ateliers und Modeboutiquen sowie zahlreiche Betriebe und Werkstätten, die auf Marmorverarbeitung und Bildhauerei spezialisiert sind. Viele von ihnen öffnen ihre Ateliertüren, und Interessierte können bei der Entstehung eines Kunstwerks dabei sein, Kunsthandwerker zeigen ihre Techniken, teilen ihr Wissen und geben manches Geheimnis weiter – an Orten, an denen schon weltberühmte Künstler wirkten.

Altes Handwerk mit moderner Seele

Bei Franco Cervietti, Meister seines Fachs seit über 50 Jahren, arbeiten beide Söhne mit im Betrieb. Sein Studio ist in einer riesigen Halle untergebracht, ausgestattet mit modernsten Maschinen und genügend Platz, um unzählige Skulpturen in allen Formen und Größen zu beherbergen. So wie seine Gipsfigurensammlung mit jahrhundertealten Modellen, zu denen Michelangelos David sowie Porträts und Büsten von berühmten Dichtern, Musikern, Politikern und einigen Päpsten gehören. Cervietti, der in bekannten Marmorstudios gelernt hat, beschäftigt heute selbst Bildhauer, Steinmetze, Restauratoren und Fachleute für Ornamenttechnik und kann bei Bedarf auf weitere Spezialisten zurückgreifen. Seine Werkstätten sind spezialisiert auf die Reproduktion klassischer und moderner Marmorskulpturen, aber auch Heiligen-, Grabfiguren und andere Auftragsarbeiten werden gefertigt. Weitere bekannte Werkstätten sind die von Ferdinando Palla oder das Studio Massimo Galleni. Die Fabbrica dei Sogni verwandelt ihre Marmorwerkstatt regelmäßig in einen Ort der Begegnung und des Austauschs. Hier finden zudem Ausstellungen und Kurse für verschiedene Bildhauertechniken statt, bei denen man vielleicht seine schlummernden Talente wecken kann.

INFO

TIEFERE EINBLICKE

Das Museo dei Bozzetti zeigt die Entwicklung der modernen Bildhauerei anhand von 700 Rohentwürfen, Modellen und Gipsgussformen berühmter Skulpturen, die von mehr als 300 Künstlern aus aller Welt in Pietrasanta geschaffen wurden.

Filippo ist ein kleines feines Restaurant in Pietrasanta mit ungewöhnlichem Ambiente. Hier trifft Industrieschick auf grünen Velours, und die Küche zaubert moderne Gerichte wie Kaninchenrouladen.

Im Juli und August feiert die ganze Küste das längste Festival Europas. Beim Versiliana Festival sorgen am 20 Kilometer langen Küstenstreifen der Versilia mehr als 100 Veranstaltungen für Unterhaltung.

WEITERE INFORMATIONEN

Cervietti Franco & Co., Via dello Statuario 14/16, 55045 Pietrasanta, cervietti.com
Museo dei Bozzetti, museodeibozzetti.it
Filippo, Via Padre Eugenio Barsanti 45, 55045 Pietrasanta, filippopietrasanta.it
versilianafestival.it

↑ Frisch zubereitete Focaccia gehört zu den Spezialitäten im Ristorante Filippo.
← Künstler aus der ganzen Welt bearbeiten in Pietrasanta den berühmten weißen Marmor.

8

GARFAGNANA – DAS WANDERPARADIES

EINE GRÜNE OFFENBARUNG

Ein eher unbekannter Teil der Toskana ist die Gebirgslandschaft Garfagnana, die zwischen den Apuanischen Alpen im Westen und dem Apennin im Osten liegt. Wer Ursprünglichkeit sucht, ist in der Garfagnana richtig. Als ideale Reisezeit empfiehlt sich der Herbst – mit milden Temperaturen und schönster Farbenpracht.

Fährt man über den östlichen Höhenrücken der Alpen, beherrschen drei vom Fluss Serchio und seinen Nebenflüssen gebildete Täler die Landschaft. Garfagnana bedeutet ursprünglich »Großer Wald« – und diese abgeschiedene Landschaft hat ihre wilde Identität in vielen Bereichen bewahrt. Dichte Kastanien-, Akazien- und Buchenwälder bedecken das Gebiet. Es gibt kleine Weiher, schroffe Felsschluchten und bäuerlich geprägte Bergdörfer.

Das Tor zur Garfagnana

Die Garfagnana ist ein einzigartiges Natur- und Wanderparadies. Eine kurvenreiche Straße führt auf das Hochplateau und in das grüne Wanderparadies rund um Castelnuovo di Garfagnana. Castelnuovo ist quasi das Tor zu diesem herb-schönen Landstrich, bietet aber auch als Städtchen mit seinen stillen Gassen, die sich um den kleinen Dom schmiegen, und der Burganlage Rocca Ariostesca Gelegenheit für einen Bummel. In Castelnuovo befindet sich zudem das Besucherzentrum des Regionalparks, und hier beginnen zahlreiche Wanderwege und Besichtigungstouren – ob zum »Garten der Bergblumen«, zu klaren Quellen oder auf den Monte Orecchiella. Das grüne Herz der Garfagnana ist der Naturpark Riserva Naturale Statale Orecchiella, der sich nördlich von Castelnuovo auf der Apennin-Seite erstreckt. Gut ausgeschilderte Wanderwege führen durch das gesamte Gebiet der Garfagnana, von Weiher zu Weiher oder von Burg zu Burg, es gibt eine Vielzahl von Möglichkeiten.

← Frühling in den Apuanischen Alpen: Das Bergdorf Nicciano gleicht einem Freilichtmuseum. Der Bildhauer Clément Castelli schmückte die Gassen mit seinen Skulpturen.

Eine Brücke als Teufelswerk

Unter den vielen Wegen, die zu den Gipfeln der Berge der Garfagnana hinaufführen, ist der *Monte-Forato-Rundweg* sicherlich einer der faszinierendsten. Denn hier steht man dem Monte Forato, dem »löchrigen Berg« mit seinen zwei Gipfeln, gegenüber (1233 und 1209 Meter hoch), die durch einen riesigen Felsbogen miteinander verbunden sind. Der durch Erosion entstandene Kalksteinfelsen dehnt sich über 32 Meter, ist 25 Meter hoch, und die Dicke des Felsens beträgt etwa acht Meter. Er ist einer der größten natürlichen Bögen Italiens. Der Legende nach soll der heilige Pellegrino während seines Gebets im Wald von Geistern, Dämonen und Kobolden angegriffen worden sein. Er erhob sein Kreuz gegen sie, woraufhin sie in Richtung Meer flüchteten und einen großen Hohlraum im Berg hinterließen.

Viele Legenden sind bis heute lebendig in den Ortschaften und Gegenden der Garfagnana. In Borgo a Mozzano ging es einst sogar mit dem Teufel zu. Hier steht der Ponte della

Maddalena, auch Teufelsbrücke genannt, weil er von einer alten Sage umwoben ist. Die Brücke mit ihrer auffallend geschwungenen Bogenform wurde wie alle kühnen Bauwerke dem Teufel zugeschrieben. Es heißt, dass der Baumeister aus Verzweiflung über die schlecht voranschreitenden Arbeiten den Leibhaftigen um Hilfe anrief. Der sicherte ihm seine schnelle Unterstützung zu, aber nur, wenn er als Gegenleistung die Seele desjenigen haben dürfe, der als Erster die fertige Brücke überquere. In der Stadt war man aber nicht dumm und schickte einen Hund als Ersten über die Brücke. Der Teufel war außer sich und warf den Hund in den Fluss. Manchmal soll der Hund noch in der Nähe der Brücke erscheinen und dann angeblich den Teufel darstellen, immer noch auf der Suche nach der versprochenen Seele. Junge Leute kommen heute gern hierher, um Halloween zu feiern.

Teufelswerk ist in Barga, einem schicken und entspannten Ort zwölf Kilometer südlich von Castelnuovo di Garfagnana, heute vermutlich weniger ein Thema. In dem Städtchen, das im Mittelalter seinen Reichtum mit Seidenweberei erlangte, genießen die Menschen die irdischen Freuden. Der elegante Dom San Cristoforo ist nicht nur ein Schmuckstück der Romanik, sondern auch dem Himmel recht nah. In Barga mit seinen hübschen Palazzi, Natursteinhäusern und Caféterrassen haben sich viele ausländische und Englisch sprechende Toskana-Liebhaber niedergelassen. In dem autofreien Ort kann man in einigen netten Restaurants die Erzeugnisse der Garfagnana genießen, besonders gerne zubereitet mit den geräucherten Carpinese-Kastanien, eine von zahlreichen Sorten, die der Wald dieser einzigartigen Landschaft hervorbringt.

Das Gold der Garfagnana

Im Herbst feiert die ganze Region ihre reichhaltige Ernte – und zwar ausgiebig. In der Toskana ist die Tradition der *Sagre,* der Volksfeste, die bestimmte lokale Lebensmittel in den Mittelpunkt stellen, sehr verbreitet. Die Esskastanien sind wohl die berühmtesten der gefeierten Früchte aus den Garfagnana-Wäldern. Doch auch schmackhafte Pilze sind hier zu finden, besonders der Steinpilz ist begehrt unter den Sammlern. Die Blüten der Esskastanien ergeben einen kräftigen Honig und die braunen Früchte ein besonderes Mehl, das sich das »Gold der Garfagnana« nennt, beide sind die wichtigsten Zutaten für den berühmten *Castagnaccio*-Kuchen.

Eines der schönsten Feste ist das Kastanienfest von Lupinaia, einem kleinen Dorf ungefähr acht Kilometer von Castelnuovo entfernt. Der Duft der gerösteten Kastanien liegt in den Straßen, es gibt Tagliatelle aus Kastanienmehl, die lauwarmen Kastanienpfannkuchen *Necci* mit Ricotta, die zwischen zwei gusseisernen Platten gegart werden, oder Krapfen aus Kastanienmehl. Vom Dorf aus hat man einen wunderbaren Blick ins Tal des Serchio. Wenn sich der Nebel langsam auf das Dorf und den Wald legt, sind die Feuer gemütlich, die Glut und das Feuer spenden Wärme – zusammen mit einem leckeren Glühwein.

↗ Bei Borgo a Mazzano überspannt die Magdalenenbrücke oder Ponte del Diavolo den Serchio.
↖ Von Barga aus gut sichtbar und eine Laune der Natur: der löchrige Berg Monte Forato
← Die meisten Edelkastanien in der Toskana gibt es in den Mischwäldern der Garfagnana.

INFO

REGION FÜR ALLE SINNE

Beste toskanische Landküche serviert die Osteria Barga im gleichnamigen Ort. In Castelnuovo di Garfagnana berät in der Osteria Vecchio Mulino der Küchenchef Andrea Bertucci, welches Tagesgericht besonders empfehlenswert ist. Die »Alte Mühle« unmittelbar unterhalb der Kirche von Castelnuovo war vor rund 160 Jahren eine Poststation. An den Wänden ringsum ziehen sich Regale bis zur Decke, die vom Wein bis zu den Brotaufstrichen mit regionalen Spezialitäten gefüllt sind. Das Essen, darunter eine große Auswahl an schmackhaften kalten Speisen, wird rustikal serviert – Käse und Wurst auf einfachen Holzbrettern.

Für Selbstversorger gibt es donnerstags auf dem Markt, was sie zum Leben brauchen. Seit dem 15. Jahrhundert findet er in der Altstadt von Castelnuovo statt und bietet eine unwiderstehliche Fülle regionaler Produkte.

WEITERE INFORMATIONEN

Interessante Wanderungen und Ausflüge unternehmen die erfahrenen Bergführer von Garfagnana Guide, garfagnanaguide.it
L'Osteria Barga, Piazza Angelio 13, 55051 Barga
Osteria Vecchio Mulino, Via Vittorio Emanuele 12, 55032 Castelnuovo di Garfagnana

Einfach, aber gut: gefüllte Teigtasche in der L'Osteria Barga

MEINE TOP 10

1 DAVID IN FLORENZ: Marmor gewordener Jüngling des Meisters Michelangelo, der mit seiner mehr als fünf Meter großen Statue eine formvollendete Figur der Renaissance erschuf. Das Original steht in der Galleria dell'Accademia.
▶ **WEIL ... David einfach unwiderstehlich ist**

2 DOMKUPPEL IN FLORENZ: Dem großen Architekten Filippo Brunelleschi gelang es, eine gemauerte Kuppel von fast 45 Metern Durchmesser zu bauen, die bis heute größte der Welt.
▶ **WEIL ... Baukunst so genial sein kann**

3 LUCCAS STADTMAUER: Die über vier Kilometer lange alte Festungsmauer ist heute ein Stadtwall, auf dem die Einwohner ihren abendlichen Spaziergang machen – immer die schöne Altstadt im Blick.
▶ **WEIL ... flanieren hier zum Hochgenuss wird**

4 **DAS CHIANTI:** Die uralte Weinbauregion lockt mit endlosen Zypressenalleen und zahlreichen Weingütern, die den rubinroten Tropfen aufs Schönste kredenzen. Wenn dann noch Kunst auf große Weine trifft wie im Castello di Ama, sorgt das für echtes Toskana-Feeling.

▶ **WEIL … Chianti mehr ist als nur Wein**

5 **PIAZZA DEL CAMPO IN SIENA:** Der in Muschelform angelegte Platz braucht kein weltberühmtes Pferderennen, um zu beeindrucken. Die leicht abschüssige Piazza mit ihrem makellosen Pflaster, das bei Sonnenschein zur Sitzfläche wird, ist das Zentrum gotischer Baupracht.

▶ **WEIL … dieser Platz verzaubert**

6 **DER SCHIEFE TURM VON PISA:** Die wohl schönste Fehlplanung der Welt, der Campanile glänzt – immer noch reichlich schief – als Teil der Piazza dei Miracoli, dem Platz der Wunder.

▶ **WEIL … gerade bauen langweilig ist**

7 **SAN GIMIGNANO:** 14 verbliebene Geschlechtertürme von einst 72 sind der geschichtliche Überrest der Machtspiele reicher Patrizierfamilien. Nichts wie rauf auf die Torre Grossa, den mit 54 Metern höchsten Turm der herrlichen Stadt.

▶ **WEIL … es nur ein mittelalterliches Manhattan gibt**

8 **MONTECATINI TERME:** Das einstige Kurbad und Welterbe ist eine Augenweide, besonders das Tettuccio-Bad mit seinen kunstvollen Kachelbildern und Zapfhähnen lässt an Trinkkuren und einen Plausch mit dem großen Guiseppe Verdi denken.

▶ **WEIL … man für diese Wellness gerne Zeitreisender wäre**

9 **DIE GARFAGNANA:** Die zerklüftete Gebirgslandschaft mit dem Regionalpark Apuanische Alpen ist ein Natur-, Wald- und Wanderparadies mit dichten Kastanienwäldern, deren Früchte sich in köstlichen Speisen wiederfinden, und mit Dörfern, die ihre reichen Ernten feiern.

▶ **WEIL … diese Ursprünglichkeit wie eine Kur wirkt**

10 **VOLTERRA:** Die Spuren der Etrusker sind hier allgegenwärtig in einer der besten etruskischen Antikensammlungen Italiens. Auch die Reste des römischen Amphitheaters machen Eindruck. Ohne ein Andenken aus dem göttlichen Alabaster-Stein wird man die Stadtmauern nicht verlassen.

▶ **WEIL … Geschichte hier fassbar wird**

Sabine Mischnat
ist immer wieder aufs Neue von der Toskana fasziniert, und das seit 30 Jahren.

9

GROTTA DEL VENTO – BIZARRE HÖHLE

NATURWUNDER MIT DURCHZUG

Von Lucca aus über Gallicano und durch die atemberaubende Gallicano-Schlucht hindurch erreicht man die spektakuläre Grotta del Vento, die »Höhle des Windes«. Im Naturpark der Apuanischen Alpen wartet eine unterirdische Tropfsteinwelt – nicht nur für Abenteuerlustige und Höhlenfans ein absolut unvergessliches Erlebnis.

Die Grotta del Vento mit ihren Stalagmiten und Stalaktiten, mit den von Kristallen verkrusteten Seen und Alabastergebilden, die wie Vorhänge oder Unterröcke wirken, ist ein faszinierendes Wunder der Natur. Diese geheimnisvolle unterirdische Welt mit ihren kleinen Wasserläufen können Besucher über bequeme und gut beleuchtete Wege entdecken. Der Eingang der Höhle befindet sich auf 642 Metern Höhe, ihre obere Einmündung liegt bei über 1400 Metern auf der anderen Bergseite. Ein Luftschacht regelt den Temperaturausgleich, sodass die Temperatur in der Grotte das ganze Jahr zwischen 10 °C und 11 °C liegt. Die Luftströme und der oft beträchtliche Unterschied zwischen Innen- und Außentemperatur sorgen für den kühlen Wind, der den Besuchern am Eingang und während der Erkundung entgegenweht. Das hat der Höhle ihren Namen gegeben. Bevor die Grotta del Vento für die Forschung interessant und zur Sehenswürdigkeit wurde, haben in früheren Jahrhunderten die Bewohner im Eingangsbereich ihre Lebensmittel kühl gelagert. 1932 wurde die über vier Kilometer tiefe Höhle zum ersten Mal gründlich erforscht, und immer noch gibt es Abzweigungen, die unentdeckt sind.

Atemberaubende Schönheit

Fast ganzjährig werden drei unterschiedliche Besichtigungstouren angeboten, es gibt auch Führungen auf Deutsch. Die erste Tour bietet einen eher kurzen Einblick in die Geheimnisse dieser faszinierenden Höhle. Rundgang Nummer zwei dauert zwei Stunden und führt weiter hinein in den Berg bis hin zu den unterirdischen Flüssen und den vom Wasser glattgewaschenen Höhlen. Die dritte Variante ist am anspruchsvollsten, bietet aber die atemberaubendsten Eindrücke in die Höhlen-Wunderwelt. Wer fit ist, sollte die 1200 Stufen auf sich nehmen – auf Wegen vorbei an senkrechten Schächten und über den Abgrund einer tiefen Schlucht, ein garantiert unvergessliches Naturerlebnis.

Kloster am Fels

Unweit der Grotte überrascht ein weißes herrschaftliches Gebäude mit Kirchturm, das in der Felswand thront, das Kloster Eremo di Calomini. Angeblich wurde es um das Jahr 1000 an dieser unwegsamen Stelle gebaut, weil hier den Mönchen die Madonna erschienen war. Das Kloster liegt an der schmalen Straße, die nach Vergemoli oberhalb von Gallicano führt. Wer sich selbst einmal wie ein Einsiedler fühlen möchte, kann hier übernachten.

INFO

DEN FELSEN GANZ NAH

Das Kloster Eremo di Calomini bietet in seinem Gästehaus Betten in ehemaligen Mönchszellen an, Besucher teilen sich ein Gemeinschaftsbad, und in einem Nebengebäude serviert das Kloster täglich gute, einfache und günstige Gerichte. Die in Tuffstein gebaute Einsiedelei hat in der Zeit von März bis Oktober geöffnet. Der Rundgang durch das alte Kloster, das bis zu 15 Meter in den massiven Berg hineinreicht, ist beeindruckend.

WEITERE INFORMATIONEN

Die Gehwege in der Grotta del Vento sind alle aus rutschfestem Zement gefertigt und mit starken Stahlgeländern gesichert. Es gibt einen Audioguide in zwölf Sprachen, der durch die Höhlenwelt führt, auch in Deutsch. Sehenswert ist in der Nähe die weniger bekannte Grotta Antro del Corchia in Levigliani di Stazzema.
Grotta del Vento, Via Grotta del Vento 1, Fabbriche di Vergemoli, grottadelvento.com
corchiapark.it
Kloster Eremo di Calomini, Eremo di Calomini 5, 55020 Fabbriche di Vergemoli

↑ Unter einer überhängenden Wand schmiegt sich die Einsiedelei von Calomini an den Fels.
← Mehrere Tausend Jahre alte Stalaktiten spiegeln sich im Wasser in der Grotta del Vento.

10

RIVIERA DELLA VERSILIA – SONNENPARADIES

DER CHARME VERGANGENER ZEITEN

Gut 20 Kilometer zieht sich die Riviera della Versilia an der nordwestlichen Küste der Toskana entlang. Von der Region südlich von Viareggio bis Marina di Massa im Norden erstrecken sich Sandstrände ohne Ende. Sie bieten jede Menge Platz für Sommer, Sonne, Surfvergnügen, aber auch für echte Eleganz und Eitelkeit.

Bevor die Sommerfreuden losgehen, regiert die Narrenfreiheit in Viareggio. Die Stadt mit ihrer mondänen Jugendstilarchitektur ist berühmt für den Karneval, der fast intensiver gefeiert wird als der Karneval in Venedig. Einen Monat lang ist die Stadt im Winter außer Rand und Band. Die Jugendstilfassaden und die teils klassizistisch gehaltenen Villen Viareggios längs der Strandpromenade erinnern an die Blütezeit des Badeorts in den 1920er- und 1930er-Jahren. Sie sind, zugegeben, etwas in die Jahre gekommen und verströmen einen leicht morbiden Charme.

Einige Häuser erstrahlen noch im alten Glanz, allen voran das Gran Caffè Margherita, in dem Puccini regelmäßig schöpferische Pausen einlegte, auch das Chalet Martini oder das Bagno Balena im Art-déco-Stil. An der langen Strandpromenade thront das Grand Hotel Royal mit vielen eleganten Boutiquen. Das Jugendstilhotel war zu seinen besten Zeiten bevorzugte Unterkunft von Aristokraten, Intellektuellen und Künstlern, und seine Eleganz diente oft als Schauplatz für Filmregisseure. 2004 wurde das Royal aufwendig restauriert und nach anderthalb Jahren wieder eröffnet.

Die drei Kilometer lange Strandpromenade ist die Lebensader der Stadt. Ein Strandpavillon reiht sich an den nächsten, die Villen strahlen im Sonnenschein, und immer noch tummeln sich in Viareggio die Reichen und Schönen. Der Großteil des breiten Strands ist in Parzellen aufgeteilt, an denen Sonnenschirme, Strandhütten und Liegen nur gegen Bares zu haben sind.

Wassersport und Badespaß

Zu den schönsten der kleineren Strandbäder gehört das exquisite Forte dei Marmi, ein Stück weiter die Küste entlang Richtung Norden. Mit seiner langen Landungsbrücke ins Meer zeugt es von der einstigen Marmorverschiffung, als riesige Marmorblöcke aus den Apuanischen Alpen hierhergeschafft wurden. Der Ort zog schon früh Adel und Künstler an, und das alte Strandbad Bagni Piero aus dem Jahr 1933 ist noch heute ein Wassersportzentrum. In Marina di Massa ganz im Norden der Versilia hat die aristokratische Vorliebe für die Küste weitere Villen nach Jugendstil- und Art-déco-Manier hinterlassen. Sehenswert sind die Villen Doria, Franca oder das Hotel Italia. Die Strände liegen im Schatten weiter Pinienwälder, und die Apuanischen Alpen bilden dazu eine herrliche Kulisse. Ein Küstenradweg, der das Bad mit Forte dei Marmi und Viareggio verbindet, ermöglicht tolle Radtouren am Meer entlang.

INFO

NARRENHOCHBURG

Jedes Jahr von Februar bis Anfang März stürzt sich die ganze Stadt in den Karneval. Die Narrenzeit des Carnevale di Viareggio dauert vier Wochen, und bei den Umzügen an den Wochenenden und am Faschingsdienstag werden auf den Festwagen Politiker und andere Prominente als riesige Pappmaschee-Karikaturen schonungslos verspottet. Überall wird unter freiem Himmel bis zum Morgengrauen gefeiert, die Musikclubs wetteifern um die schönsten Maskenbälle. Den Karneval gibt es seit 1873. Wer tiefer in seine Geschichte eintauchen möchte, kann das Museo del Carnevale besuchen und die Puppen und Köpfe bewundern, die beim Umzug übergestülpt werden. Künstlerisch Interessierte können sich hier nach Pappmaschee-Workshops erkundigen. Zum Hallenkomplex der Cittadella del Carnevale mit Werkstätten und Stellplätzen geht es einige Kilometer landeinwärts.

WEITERE INFORMATIONEN

viareggio.ilcarnevale.com
La Cittadella del Carnevale, Via Santa Maria Goretti 5, 55049 Viareggio, viareggio.ilcarnevale.com

↖ In Forte dei Marmi warten die mondänsten Strandbäder von Norditalien auf Gäste.
↑ Die Riviera della Versilia ist der ideale Ort für einen entspannten Badeurlaub.

11

PISA – VON WUNDERN UND WAHRZEICHEN

DIE SCHÖNSTE SCHIEFLAGE ITALIENS

Als eine der vier Seerepubliken Italiens blühte Pisa im Mittelalter auf. Die Versandung des Hafens an den Ufern des Arno beendete die glorreiche Zeit, schenkte Pisa aber sein weltberühmtes Wahrzeichen. Doch nicht nur der Campanile, Dom und Battistero neigen sich beträchtlich, bei genauer Betrachtung liegt ganz Pisa schief.

Im Mittelalter war es unter Baumeistern durchaus üblich, auch mal auf Sand zu bauen, allerdings hatten die Planer in Pisa einen Aspekt komplett außer Acht gelassen. Der Turm, mit dessen Bau man 1173 begann, sollte auf einem zugeschütteten ehemaligen Hafenkanal stehen, dessen dicke Schicht aus feuchtem Morast, Lehm und Sand auf Dauer ein zu weiches Fundament bilden würde. Bereits während der Arbeiten hatte der Turmbau Schlagseite, und nach fünf Jahren kam es zum Stillstand auf der Baustelle.

Beim Weiterbau 1272 versuchten Arbeiter, die Neigung durch eine leichte Bananenform auszugleichen. Später quoll Schlamm durch den Sockel, und irgendwann war dann allen klar, dass es aussichtslos wäre, auf diesem Fundament einen einigermaßen geraden Turm zu errichten. Die sieben Glocken wurden in den 1950er-Jahren stillgelegt, aus Angst, Bewegung und Resonanz könnten dem Gemäuer zusätzlich zu schaffen machen. 1990 wurde der berühmte Turm dann für Besucher gesperrt, und die nächste Rettungsaktion lief an.

Bedenklich schräg

Geschichten und Legenden sind in Pisa sehr beliebt, und so könnte die wahre Begebenheit von der spektakulären, stabilisierenden und minimalen Aufrichtung und Sanierung des Schiefen Turms, die elf Jahre dauern sollte, dazugehören. Tatsache ist, seit 2011 ist der berühmteste Turm der Welt gut 44 Zentimeter weniger geneigt. Fürs menschliche Auge ist das gar nicht zu erkennen, aber sein neues strahlendes Weiß schon. Der von Smog angefressene Marmor wurde während der Aufrichtmaßnahme einer Schönheitskur unterzogen, die allein fast drei Jahre dauerte. Sieben Millionen Euro wurden in diesem Fall erfolgreich in den Sand gesetzt, denn laut des internationalen Rettungsteams sollte der Campanile von Pisa nun für mindestens 250 Jahre stehen bleiben. Um den berühmten Turm aufzurichten, hatten Experten vorsichtig Erdreich unter dem Koloss abgetragen und seine Neigung mit 1000 Tonnen schweren Bleigewichten korrigiert. Zeitweise wurden ihm faustdicke Stahlbänder angelegt, und Bergsteiger hievten etagenweise das Gerüst hoch. Viele Touristen lassen sich die Besichtigung des Schiefen Turms nicht nehmen. Doch bei aller Schönheit, so ganz ohne ist es nicht, im 58 Meter hohen Turm aufwärtszusteigen. Es fühlt sich genauso schief an, wie es aussieht, und wer die 250 Stufen hochgeht, sollte sich vorher mental darauf einstellen.

Herrlicher Platz

Pisa hat heute rund 90 000 Einwohner und ist eine lebendige und dynamische Universitätsstadt. Die Bewohner und

→ Seit Jahrhunderten eines der bekanntesten Bauwerke der Welt – Pisas Schiefer Turm

← Wer an der schönen Piazza dei Miracoli einen Tisch ergattert, kann von Glück reden.
↙ Abseits vom Trubel, aber sehenswert – die Piazza Cavalieri mit dem Palazzo della Carovana
↘ Mit Fresken geschmückt – der Camposanto Monumentale, der große Friedhof direkt am Dom

die vielen Studenten lieben das besondere Flair und natürlich das Wahrzeichen, das gemeinsam mit Dom und Baptisterium den »Platz der Wunder«, die Piazza dei Miracoli, bildet. Junge Menschen, die ihr Studium in Pisa beginnen, versuchen allerdings, dem prachtvollen Baptisterium zunächst nicht zu nahe zu kommen. Denn eine Legende besagt: »Umrundest du im ersten Semester das Baptisterium, wirst du niemals einen Abschluss machen.« Touristen können zum Glück ungehemmt das prachtvolle Ensemble von Dom, Turm und Taufkirche auf der Piazza dei Miracoli besichtigen. Sehenswert ist auch das dortige Dommuseum, das Museo dell'Opera del Duomo, das bemerkenswerte Originalwerke aus dem reichen Schatz des Doms zeigt und zahlreiche Statuen des Mittelalters.

Doch Pisa hat viel mehr zu bieten als den Platz der Wunder. Wer etwas mehr Zeit mitbringt, sollte zu Fuß das eher unbekannte Pisa entdecken und bis zum Palazzo della Carovana an der Piazza dei Cavalieri laufen, der mit hellen Sgraffito-Dekorationen verziert ist, einer besonderen Putztechnik der Renaissance. Auf diesem Platz zeigt sich eindrucksvoll die Macht der Medici.

Junge Stadt voll alter Schätze

Auch sollten Besucher vom Stadtzentrum aus einmal der Uferpromenade des Arno Richtung Osten folgen, um eines der schrägen Pendants des berühmten Turms zu erreichen. Der Turm der Kirche San Michele degli Scalzi ragt ebenfalls reichlich schief in den Himmel, so schief, dass man ihn bei einer Neigung von 51 Zentimetern nicht besteigen darf. Von Mönchen der Abtei von Santa Maria di Pulsano sul Gargano 1178 gegründet, musste das Bauwerk schon Anfang des 13. Jahrhunderts das erste Mal saniert werden. Der dritte Turm ist eher unauffällig krumm – die Schieflage des achteckigen Turms der Kirche San Nicola in der Altstadt soll selbst von einigen Einheimischen noch nicht bemerkt worden sein. Wer genau hinschaut, entdeckt in den vier historischen Vierteln der jung gebliebenen Stadt immer wieder Gebäude, die nicht ganz senkrecht stehen.

Der Arno teilt Pisa in zwei Hälften. Die zentrale Brücke über den Fluss, der Ponte di Mezzo mitten in der Stadt, verbindet die Tramontana-Stadtteile Santa Maria und San Francesco links vom Fluss mit den am rechten nördlichen Ufer liegenden Mezzogiorno-Vierteln San Martino und San Antonio. Die Brücke, bis 1182 einziger Übergang über den Arno, wurde im Zweiten Weltkrieg zerstört, dann aber schnell wieder errichtet. Alljährlich im Sommer steht sie im Mittelpunkt für eines der wichtigsten historischen Feste der Stadt, das Gioco del Ponte, das Brückenspiel. Bei dem Wettkampf ist Manneskraft gefragt. Es gilt, die Brücke zu kontrollieren und die Karren der Gegner zurückzudrängen. Überall in Pisa findet man schöne Orte, die den besonderen Charme der Stadt unterstreichen und zum Verweilen einladen – auch ohne den Schiefen Turm in Sichtweite.

INFO

ERHOLUNG VOM TRUBEL

Unweit vom Platz der Wunder kann man in der Osteria dei Cavalieri gute toskanische Küche genießen, Einzelgerichte für das schnelle Mittagessen oder ein mehrgängiges Menu (auch eines für Vegetarier) und Spezialitäten wie Kutteln, Safranreis oder stattliche T-Bone-Steaks. Wer auf Süßes steht, wird in der Gelateria De' Coltelli schwach. Hier gibt es köstliches Bioeis und ungewöhnliche Sorten wie kandierte Kastanie, Limone mit Ingwer oder Birne mit rosa Pfeffer – und das vermutlich schokoladigste Schokoladeneis der Welt. Besucher, die nach der Besichtigungstour eine Pause und etwas Ruhe bevorzugen, können in die beschauliche Welt des Orto e Museo Botanico eintauchen.

WEITERE INFORMATIONEN

Ausgelassen feiern lässt sich beim Brückenspiel Gioco del Ponte am letzten Sonntag im Juni rund um die Brücke Ponte di Mezzo. Ein Spektakel, bei dem zwei Teams in bunten mittelalterlichen Kostümen zum Wettkampf gegeneinander antreten.

Osteria dei Cavalieri, Via San Frediano 16, 56126 Pisa, osteriacavalieri.it
Gelateria De' Coltelli, Lungarno Antonio Pacinotti 23, 56126 Pisa, decoltelli.it
Orto e Museo Botanico, Via Roma 56, 56126 Pisa, ortomuseobot.sma.unipi.it
giocodelpontedipisa.it

Schwimmende Schönheit: Seerose im Orto Botanico

12

PINOCCHIO – EHRENBÜRGER VON COLLODI

EINE MARIONETTE LEBT FÜR ALLE ZEITEN

Die freche Holzpuppe mit der langen Nase zog von Collodi aus hinaus in die Welt. Pinocchio, seit 1881 ein Klassiker der Kinderliteratur, entsprang der Feder von Carlo Collodi, Autor und Journalist. Eigentlich hieß er Lorenzini, benannte sich aber nach seiner Heimatstadt. Dort gibt es seit 1956 einen großen Pinocchio-Park.

Collodi ist ein kleiner Ort mit großer Anziehungskraft. Er liegt eingebunden in die schöne Landschaft der Toskana wenige Kilometer von Lucca und nicht weit von Montecatini Terme entfernt. Auch der 1956 eröffnete Parco di Pinocchio trägt zum Ruhm Collodis bei. Obgleich er etwas in die Jahre gekommen und der Eintrittspreis recht hoch ist, hält der Park für Nostalgiefans und Kinder, die Pinocchio kennen, zahlreiche Überraschungen bereit. Es gibt alte Karussells, übergroße Pinocchio-Skulpturen, seinen Kopf als Rasenkunst, ein kleines Pinocchio-Museum und eine Holzwerkstatt für Kinder. Sehr beliebt ist der relativ neue Kletterpark.

Bei dem bunten Treiben könnte man glatt vergessen, dass Pinocchio ja ein echt böser Holzbub war. Er stürzte seinen herzensguten »Vater«, den Meister Gepetto, der ihn in seiner Werkstatt erschaffen hatte, regelmäßig in tiefste Verzweiflung. Und die Marionette musste einen langen Läuterungsweg gehen, bis sie am Ende belohnt wurde und Pinocchio eines Morgens als lebendiger Junge erwachte.

Inspirierende Villa Garzoni

In der großen Parkanlage der prachtvollen Villa Garzoni, deren Besichtigung auch im Eintrittspreis inbegriffen ist, soll Carlo Collodi bereits als Kind Ideen für die späteren Abenteuer von Pinocchio gefunden haben. Die Villa Garzoni, ein viergeschossiger barocker Bau, und ihr Park sind überaus sehenswert. Die Familie Garzoni erwarb im 14. Jahrhundert die bereits bestehende Festung von Collodi; ihre Nachkommen bauten dann die Villa vermutlich um 1622. Ende der 1950er-Jahre endete die Linie Garzoni, doch die Pracht besteht fort. Besonders die von Balustraden gesäumte Treppe und die Nischen und Grotten an den Treppenabsätzen sind ein Blickfang. Darin posieren zahlreiche Götterstatuen und Figuren der Mythologie. Das Wasser, das über kleine Becken den Hang hinabstürzt, macht diesen Ort so lebendig, und das Haus der Schmetterlinge im Park steuert viele bunte Farbtupfer zu seiner fröhlichen Anmutung hinzu.

Wer es moderner mag, der sollte offenen Auges durch Collodis Straßen schlendern und die sogenannten *Murales* entdecken. Über den ganzen Ort verteilt haben Künstler große Wandbilder, eine Art Street-Art geschaffen – und ihren persönlichen Blick auf Pinocchios Abenteuer sowie andere Motive auf Hauswände, Mauern oder Eingangstore gemalt und gesprüht.

← Bronzeskulptur im 1956 für die Kindererziehung konzipierten Pinocchio-Park in Collodi
↓ Der Garten der Villa Garzoni gilt als einer der schönsten des ganzen Landes.

INFO

DIE STADT DER BLUMEN

Wer die Pracht des Parks der Villa Garzoni mag, wird entzückt sein von der Blumenpracht im knapp fünf Kilometer entfernt gelegenen Pescia. Die Ortschaft mit knapp 20 000 Einwohnern kann gleich mit zwei Blumenmärkten prunken und trägt deshalb auch den Zusatztitel Citta dei Fiori. Nach dem Vertrieb der Frühlingsblüher in Holland ist das tägliche farbenfrohe Treiben in Pescia der zweitgrößte Blumenhandel Europas. Unzählige Sorten aus der Toskana und aus ganz Italien werden hier in großen Mengen verkauft, zudem Rosen, Orchideen und exotische Blüten aus Indien, Thailand oder Kolumbien. Es gibt einen überdachten, zu den Seiten hin offenen alten Blumenmarkt aus den 1950er-Jahren und den neuen Mercato dei Fiori in einer modernen Halle, in der lebhaft gehandelt wird.

WEITERE INFORMATIONEN

Eine Pinocchio-Pizza bringt die Osteria del Gambero Rosso auf den Tisch – direkt im Parco di Pinocchio, SP 35, 51012 Collodi/Pescia, pinocchio.it
Kulturzentrum Fondazione Nazionale Carlo Collodi, Via Pasquinelli 6, fondazionecollodi.it

13

LUCCA – TREFFPUNKT STADTMAUER

FESTUNG UND FLANIERMEILE

Luccas Altstadt ist von einer Stadtmauer umgeben, die einzigartig sein dürfte auf der Welt. Gut 100 Jahre lang haben die Menschen daran gebaut, 4,2 Kilometer ist sie lang und zwölf Meter hoch. Weit mehr als sechs Millionen Ziegelsteine wurden verbaut. Heute flanieren Bewohner und Touristen über diesen imposanten Stadtwall.

Die im 16. und 17. Jahrhundert erbaute eindrucksvolle Mauer prahlt noch heute mit ihren sechs Pforten: Porta Elisa, Porta Santa Maria, Porta San Pietro, Porta San Donato, Porta Sant'Anna und Porta San Jacopo. Mit dieser Mauer war Lucca gewappnet, um sich gegen rivalisierende Stadtgemeinden zu behaupten. Doch glaubt man den Überlieferungen, wurden die Tore genau einmal geschlossen, allerdings nur, um sich gegen Hochwasser zu wehren. 1812 drohte der über die Ufer getretene Fluss Serchio die gesamte Stadt zu überschwemmen. Man schloss die Tore, dichtete sie ab, und so blieb Lucca verschont.

Das Städtchen stand seit 1799 unter französischer Herrschaft; ab 1805 führte hier Napoleons Schwester Élisa gemeinsam mit ihrem Mann Félix Baciocchi das Regiment. Élisa, die als eigenwillig galt und die Bewohner nervte, weil sie alles nach französischem Vorbild umgestalten wollte, soll sich bei der Hochwasserkatastrophe außerhalb der Stadtmauern aufgehalten haben. Naheliegenderweise wollte sie zurück in den Herzogspalast, und weil alle Tore hermetisch abgeriegelt waren, hievte man Élisa Bonaparte, die später Großherzogin der Toskana wurde, nach dem Funktionsprinzip des Flaschenzugs über die Mauer. Ob das nun wahr ist, lässt sich nicht mit Sicherheit sagen. Klar aber ist, dass die beeindruckende Mauer bis heute ihre Bewohner mit Stolz erfüllt und ihnen ein Gefühl von Sicherheit verleiht.

Trubel auf der Stadtmauer

So ist die Mauer, die *Mura,* wichtiger Teil des städtischen Lebens, von der man immer die schöne Altstadt im Blick hat. Die Lucchesi sind ans Laufen gewöhnt, denn große Teile der Innenstadt sind für Autos gesperrt. Auch das Radfahren ist beliebt bei Einheimischen und Touristen. Die herrlich breiten baumreichen Wege der Stadtmauern eignen sich ebenso ideal zum Picknicken. Viele Bewohner Luccas pflegen ein allabendliches Ritual und machen darauf ihren *Passeggiata,* Spaziergang auf Italienisch. Am Wegesrand gibt es Klettergerüste und Schaukeln für die Kinder und Picknickbänke im Schatten der Platanen.

Wer einen Start in einen wunderbaren Abend erleben möchte, findet mit der Bar Baluardo San Colombano auf der Mauer nahe der Porta San Pietro den perfekten Ort für einen Aperitif oder Sundowner und für ein Schwätzchen. Aber die stimmungsvolle Bar ist auch ein herrlicher Platz, um die Menschen – Liebespaare, Jogger, Familien mit Kindern – einfach nur zu beobachten.

INFO

TIPPS – DREIMAL KULINARISCHES

Wer auf der Mauer bei einem Picknick die Zeit genießen möchte, kann sich vorher eindecken mit *Focaccia* oder ofenfrischer Pizza von der stadtbekannten Bäckerei Forno Amedeo Giusti auf der Via Santa Lucia 20. Den passenden Wein und die leckeren Dinkelkekse *biscotti al farro* gibt es schräg gegenüber in der Antica Bottega di Prospero.

Möchte man lieber am Tisch essen, und das vom Feinsten, steht das bekannte Restaurant Giglio an der Piazza del Giglio 2 im freskengeschmückten Palazzo Arnolfini bereit. Hier präsentiert sich die traditionelle Küche im modernen Gewand. Jeder Teller ist ein Kunstwerk für sich.

WEITERE INFORMATIONEN

lucca.it
Forno Amedeo Giusti, Via Santa Lucia 18/20, 55100 Lucca
Antica Bottega di Prospero, Via Santa Lucia 13, 55100 Lucca
Ristorante Giglio, Piazza del Giglio 2, 55100 Lucca, ristorantegiglio.com

↑ Gemütliches Abendessen im Ristorante Giglio auf der gleichnamigen Piazza in Lucca
← Die Stadtmauer ist vier Kilometer lang und eignet sich zum Flanieren und Radfahren.

IL GIRASOLE

Auf den Überresten eines Amphitheaters errichtet – die Piazza dell'Anfiteatro in Lucca

14

VILLE LUCCHESI – FEUDALES LUCCA

VON BEZAUBERNDEN GÄRTEN UND VILLEN

Das sanfte Hügelland rund um Lucca ist von zahlreichen Herrenhäusern geprägt, über 500 sollen es sein. Dem Stolz lucchesischer Kaufleute und Emporkömmlinge sind diese Villen mit ihren einzigartigen Gartenanlagen zu verdanken – und ihrem unermüdlichen Drang, den durch Handel erworbenen Reichtum zur Schau zu stellen.

Im 16. Jahrhundert gab es viele bedeutende Kaufleute rund um Lucca, die nur zu gerne mit ihren Sommerresidenzen wetteiferten. Von den unzähligen Villen in den Hügeln rund um die Stadt sind zwar einige mittlerweile verfallen oder verwaist, andere aber wurden vor gar nicht langer Zeit aus dem Dornröschenschlaf wachgeküsst und aufwendig restauriert. Heute noch bewohnen 300 Besitzer ihre Villen und pflegen das feudale Erbe.

Vom Sonnenkönig abgeschaut

Ein wunderschönes Anwesen etwa zehn Kilometer von Lucca entfernt, in Camigliano, ist die Villa Torrigiani, einer der bedeutendsten Barockbauten der Toskana, der auf das frühe 16. Jahrhundert zurückgeht. In der zweiten Hälfte des 17. Jahrhunderts bekam die Villa mit dem Markgrafen Nicolo Santini einen neuen Besitzer, der aus dem Gebäude dieses prächtige Anwesen machte. Santini, Botschafter der Republik Lucca am Hof von Ludwig XIV. in Paris und beeindruckt von so viel königlichem Glanz, schuf seinen eigenen prunkvollen Wohnsitz samt Garten und großem Wasserbecken an der Vorderseite, in dem sich die Fassade des Gebäudes spiegelt. Auf dem Terrain finden sich romantisch anmutende Grotten und noch heute funktionierende Wasserspiele, im Innern der Villa können das edle Wappen der Santinis und das originale Mobiliar besichtigt werden.

Unweit davon liegt in Segromigno in Monte die Villa Mansi. Die Mansis waren eine der führenden Seidenhändlerfamilien in Lucca. Sie kaufte die Villa im 16. Jahrhundert und ließ sie von dem venezianischen Architekten Tommaso Giusti ausbauen und mit zahlreichen neoklassizistischen Fresken des in der Nähe von Lucca geborenen Malers Stefano Tofanelli ausschmücken. Den großen Barockgarten legte der vor allem als Landschaftsgärtner bekannte Filippo Juvarra an.

Neuer Glanz in alten Villen

Auch die Villa Reale bei Marlia gehört zu den Gartenparadiesen und ist wohl eher eine Parkanlage mit einem Ensemble von Palästen und Häusern zu nennen. Hätte sich nicht vor einiger Zeit eine wohlhabende Schweizer Familie in das 16 Hektar große Anwesen verliebt, es wäre bald nicht mehr viel zu retten gewesen. 2015 fing man an, nach und nach erst die Gärten, dann die Hausfassaden zu restaurieren, allein die Säuberung und Aufarbeitung der Statuen hat drei Jahre gedauert. Das Gebäude selbst ist nicht für die Öffentlichkeit zugänglich, aber die unglaubliche Parkanlage kann besichtigt werden. Besonders verlockend ist der Frühlingsanfang, wenn im März die Kamelien blühen.

← Ein Ort zum Verweilen – der Park des Palazzo Pfanner mit Rosen und Zitronenbäumen. Palast und Garten haben den Namen von einer österreichischen Brauereifamilie.

Die Kamelie ist nicht irgendeine Blume, sondern sie wusste schon Herrscherinnen zu bezaubern. Élisa, die Schwester Napoleons, die zwischen 1806 und 1814 in Lucca Prinzessin war und hier residierte, ließ sich die besondere Pflanze, die ursprünglich aus Asien stammt, nach Italien bringen. Die rosenähnliche Blume gilt auch als Zeichen für Patriotismus, und wer diesem Gefühl Ausdruck verleihen wollte, trug sie vor allem als rote Blüte mit weißen Flecken im Knopfloch. Kamelien wachsen sehr langsam, doch in den verschwenderischen Gärten entwickeln sie sich zu riesigen Bäumen, die jedes Jahr unzählige Blumenfreunde anlocken.

Ebenso kann man im Park das sogenannte grüne Theater, eine Erfindung dieser Zeit, bewundern. Der Garten gleicht dann der Form eines architektonischen Bauwerks, verstärkt wird dieser Eindruck noch durch Statuen. Der französische Einfluss ist nicht zu übersehen, und so wurde aus einem Barockgarten immer mehr ein Landschaftsgarten. Die Villa Reale liegt ebenso wie die Villa Grabau und die Villa Oliva an der Via delle Ville, der Villenstraße, die nordöstlich von Lucca durch die Hügellandschaft führt.

Ein Stadtpalast als Vermächtnis

Doch es gab auch Palazzi direkt in der Stadt, nicht weit von Luccas Stadtmauern entfernt. Dazu gehört der elegante barocke Palazzo Pfanner mit seiner monumentalen Außentreppe, die direkt zum Hauptsaal hinaufführt. Das Innere des Stadtpalasts ist nicht minder beeindruckend in den mit Fresken reich geschmückten Räumen unter kunstvollen Deckenmalereien mit dreidimensionaler Wirkung, die den Raum optisch vergrößern.

Die Villa hat zwei Gärten, einen vorderen, vornehmen Hofgarten, in dem griechische Statuen stehen. Er wurde genutzt, wenn sich hoher Besuch ankündigte. Und es gibt den Teil mit Rasenflächen, der früher als Nutzgarten für Gemüse- und Obstanbau diente. Im Laufe der Geschichte ging die Villa von Familie zu Familie über, sie wurde in der zweiten Hälfte des 17. Jahrhunderts im Auftrag von reichen Seidenhändlern, der Familie Moricone, erbaut, dann nach plötzlichen wirtschaftlichen Problemen an die Adelsfamilie Controni, ebenfalls Seidenhändler, verkauft. Erst im 19. Jahrhundert ging sie in den Besitz der Familie Pfanner über.

Felix Pfanner, ein Bierbrauer aus Vorarlberg, hat dieses barocke Anwesen erworben und an Ort und Stelle den ersten Biergarten Italiens nach österreichischem Vorbild geschaffen, für ihn eine lebenslängliche Leidenschaft, die ihn sehr reich machte, denn schließlich kamen alle von nah und fern, um das erste italienische Bier zu probieren. Felix Pfanner heiratete hier und lebte mit seiner Frau und sieben Kindern bis zu seinem Tod 1892 in Lucca. Eine Brauerei existiert zwar heute nicht mehr, aber das Grundstück gehört immer noch der Familie Pfanner. Das architektonische Juwel samt der weitläufigen Gartenanlage wird gerne als Filmkulisse genutzt.

↗ Die Villa Torrigiani liegt gut zehn Kilometer außerhalb von Lucca in Camiliano.
← Eine Sumpf-Schwertlilie blüht am großen Wasserbecken im Garten der Villa Torrigiani.

INFO

FEINE GENÜSSE
Das Olivenöl aus Lucca bzw. aus den lucchesischen Hügeln gilt als besonders gut, denn hier sind Klima und Bodenqualität ideal für Olivenbäume, und so sieht man zahlreiche Olivenbaum-Plantagen in der Landschaft. Erntezeit ist übrigens im November. Die Preise für das erstklassige Erzeugnis können es inzwischen leicht mit denen für Wein aufnehmen.

Genau 100 Jahre ist es her, dass Guido Nannini zusammen mit Giovanni Bei die »Kaffeegesellschaft von Lucca« gründete, die bis heute für feine Bohnen steht. Im Ladengeschäft Caffè Bei & Nannini in Lucca wird in stilvollem Ambiente die Zubereitung des Kaffees noch zelebriert. Die Spitzenröstungen gibt es nicht nur zum Genießen vor Ort, sondern auch zum Mitnehmen für zuhause und zum Bestellen im Internet.

WEITERE INFORMATIONEN
Villa Torrigiani, Via Stradone di Camigliano 3, 55012 Capannori
Villa Mansi, Via delle Selvette 259, 55012 Capannori
Stadtvilla Palazzo Pfanner, Via degli Asili 33, 55100 Lucca, palazzopfanner.it
Villa Reale, Via Fraga Alta 2, 55014 Marlia, villarealedimarlia.it
Caffè Bei & Nannini, Borgo Giannotti 37/59, 55100 Lucca, beienannini.com

Espresso bildet die Grundlage der italienischen Kaffeekultur.

15

LUCCA – AUF DEN SPUREN PUCCINIS

EIN MANN VON WELT

Der wohl berühmteste Sohn der Stadt, Giacomo Puccini, wurde 1858 in Lucca geboren und wuchs im Haus am Corte San Lorenzo Nr. 9 auf. Darin befindet sich heute das Puccini-Museum, davor sitzt der Komponist in Bronze gegossen. Man könnte glatt vergessen, dass seine Heimatstadt es ihm nicht immer leicht gemacht hat.

Das eigenwillige Temperament des Musikers schien den Bewohnern Luccas fremd und unerwünscht, und sie haben ihn als jungen Mann regelrecht vertrieben. Noch nicht einmal 20-jährig, begleitete er die sonntäglichen Messen im Dom auf der Orgel, aber auf seine ganz eigene Art, weswegen man ihm die Nachfolge auf den väterlichen Posten als Domkapellmeister verweigerte. So verlor die Stadt zwar einen begabten Organisten, doch die Welt gewann einen ihrer größten Opernkomponisten.

1880 verließ Puccini Lucca, um am Mailänder Konservatorium Musik zu studieren. Danach kehrte er zurück und mietete sich ein Haus in Torre del Lago am Lago di Massaciuccoli, 15 Kilometer westlich von Lucca. Später ließ er am Ufer des Sees eine Jugendstilvilla errichten, in der er 24 Jahre mit Elvira lebte – wieder eine Geschichte, die den Lucchesern nicht gefiel. Denn Elvira war noch verheiratet, als ihre Liebe begann und später der gemeinsame Sohn Antonio zur Welt kam. Dieses außereheliche, wenn auch am Ende lebenslange Verhältnis nahmen die Bürger von Lucca übel. Erst nach dem Tod von Elviras Ehemann 1904 konnte Puccini seine Geliebte heiraten.

Schaffensfreude am See

Das Leben als freier Künstler außerhalb Luccas war ihm gerade recht, er arbeitete an seinen Opern, hier entstand wohl an einem Förster-Flügel unter anderem »Madame Butterfly«. Puccini liebte es, sich um seinen japanisch angelegten Garten zu kümmern, zu jagen, zu angeln, und er pflegte das Zusammensein mit einem gemischten Freundeskreis, zu dem einfache Leute, aber auch Intellektuelle gehörten. Die Villa ist seit Puccinis Zeiten quasi unverändert geblieben und bietet als heutiges Museo Villa Puccini einen Einblick in das Leben des Komponisten. Im Sommer eigentlich zu überlaufen, ist der Besuch dennoch reizvoll, weil hier im Juli und August das Puccini-Festival stattfindet in einem eigens errichteten Open-Air-Theater.

1921 zog das Ehepaar in eine Villa im nicht weit entfernten Küstenort Viareggio. Hier besuchte Giacomo Puccini oft das Gran Caffè Margherita, um an seiner letzten und nicht vollendeten Oper »Turandot« zu tüfteln. Der Maestro hinterließ musikalische Werke für die Ewigkeit wie »La Bohème«, »Tosca« oder »Madame Butterfly«. Den Applaus seiner Heimatstadt bekam er erst später. Nach dem Tod von Puccini, der 1924 an Krebs starb, ließ seine Familie an die Villa in Torre del Lago eine Kapelle anbauen – direkt am See.

INFO

PUCCINI GANZ NAH

Das Hausmuseum der Familie Puccini in Celle, einem Ortsteil der Gemeinde Pescaglia, etwa 25 Kilometer nördlich von Lucca, zeigt auf zwei Stockwerken Erinnerungsstücke wie Briefe, Musikinstrumente, musikalische Manuskripte oder Fotografien, aber auch das Taufkleid von Giacomo.

Etta's Bookshop ist eine schöne kleine Buchhandlung in Luccas Mauern auf der Chiasso Barletti 16 mit bemalter Fassade und einem Porträt von Puccini. Hier gibt es spannende Literatur, tolle Koch- und Reisebücher, alle auf Englisch.

WEITERE INFORMATIONEN

Puccini-Museum, Corte S. Lorenzo 9, 55100 Lucca, puccinimuseum.org
Hausmuseum Museo Pucciniano di Celle, Via Meletori 27, 55064 Celle, museodicelledeipuccini.it
Museo Villa Puccini, Viale Giacomo Puccini 266, 55049 Torre del Lago, giacomopuccini.it
Etta's Bookshop, Chiasso Barletti 16, 55100 Lucca
Gran Caffè Margherita, Viale Regina Margherita 30, 55049 Viareggio, ristorantemargherita.info

⇖ Auf der Piazza Cittadella erinnert eine Bronzeskulptur an Giacomo Puccini.
↑ Klassische toskanische Küche in schönem Ambiente in der Buca di Sant'Antonio

16

MONTECATINI TERME – IM KURGARTEN EUROPAS

WIRKSAMES WASSER

Mehr als 20 Orte mit Thermen sind über die Toskana verteilt, und einige der heißen und warmen Quellen wussten schon die Etrusker zu nutzen, andere spätestens die Römer. Montecatini Terme, einst ein mondänes Kurbad, ist heute die wohl berühmteste Thermalkurstadt Italiens. Seit 2021 gehört sie zum UNESCO-Welterbe.

Giuseppe Verdi, der berühmte Opernkomponist, war über gut 20 Jahre bis kurz vor seinem Tod 1901 Stammgast in der Kurstadt, um seine diversen Leiden zu lindern. Besonders von dem Verlust, dem Tod zweier seiner Kinder und seiner Frau innerhalb von drei Jahren, soll er sich nie ganz erholt haben. Keine Note wollte ihm mehr gelingen, und angeblich brachte ihn erst die angenehme, »antidepressive« Stimmung von Montecatini Terme dazu, wieder zu arbeiten. Am Ende wurde der Komponist 87 Jahre alt. So soll Verdi Teile der Opern »Otello« und »Falstaff« hier geschrieben haben. Auch andere berühmte Musiker wie Giacomo Puccini, Pietro Mascagni, Ruggero Leoncavallo und Richard Strauss waren Kurgäste und von der heilenden Wirkung für Körper und Seele überzeugt.

Wohltuende Wellness

Fest steht, dass der Heilungseffekt der Therme von Montecatini schon zu römischen Zeiten bekannt war, auch wenn der Anfang des »Kurbetriebs« erst auf das Jahr 1370 zurückgeht. Weitere Dokumente ein Jahrhundert später belegen, dass es Überlegungen und bauliche Vorkehrungen gab, wie man das heilsame Wasser den Menschen noch besser zunutze machen könnte. Lob für seine wohltuende Wirkung gab es von renommierten Medizinern dieser Zeit. Sie attestierten dem Quellwasser, das zur Gruppe der alkalischen Schwefelsalz-Quellen gehört, Besserung bei Gelbsucht, Hauterkrankungen und Gallenkoliken sowie Heilkräfte bei Leberleiden und Störungen des Verdauungssystems.

1743 wurde das Tettuccio-Bad als großes sechseckiges Becken beschrieben, randvoll gefüllt mit sehr klarer, aus dem Boden kräftig hervorsprudelnder Sole. Wasser von stark salzigem Geschmack, da es während seines unterirdischen Verlaufs offenbar Salzstoffe aufnahm. Das in einem großzügigen Park gelegene Tettuccio-Bad ist heute noch repräsentativ für eine ästhetischen Kurbad-Architektur voller Harmonie und Eleganz. Ein Spaziergang durch die Anlage führt vorbei an den bunten, künstlerisch gestalteten Kachelbildern über den Zapfhähnen der marmornen Becken für Trinkkuren. Ob die zahlreichen prominenten Gäste des 20. Jahrhunderts ausschließlich wegen der medizinischen Behandlungen nach Montecatini Terme kamen, bleibt im Geheimen. Neben Schauspielern wie Clark Gable, Audrey Hepburn oder Orson Welles gaben sich Künstler wie Paul Cézanne oder René Magritte und zahlreiche königliche Gäste die Ehre – darunter der König von Schweden und Fürst Rainier von Monaco mit seiner Frau Grace Kelly.

INFO

STILGERECHTE BADERITUALE

Unweit der historischen Thermalbäder und des großen Parks liegt das 1910 erbaute Montecatini Palace & Spa. Das Fünf-Sterne-Hotel mit seinem eleganten Jugendstildesign verfügt über ein großes Wellness- und Beautyangebot und hat einen Spa-Bereich mit Sauna, türkischem Bad und Eisgrotte. In jedem Zimmer gibt es eine Badewanne. Neben zahlreichen Beautybehandlungen wartet für größere Wohltaten mit Hydromassage und Farbtherapie ein großzügiger Innenpool. In den warmen Monaten lädt ein Außenpool zum Entspannen ein.

Die Wohltaten in Montecatini Terme erinnern an ein Ritual aus frühen Zeiten. Lange pflegten die Menschen am 1. März in den Thermen zu baden, da in der Nacht zuvor angeblich ein Engel das Wasser segnet und ihm so Wunderkräfte verleiht.

WEITERE INFORMATIONEN

LHP Hotel Montecatini Palace & Spa, Via Puccini 20, 51016 Montecatini Terme, montecatinipalace.com
termemontecatini.it
montecatinioperafestival.it

↑ Teilansicht eines Brunnens im berühmtesten Thermalbad von Montecatini Terme
← Die Galleria dei banchi di mescita zeigt sieben Allegorien von Basilio Cacella.

Spektakulär und wunderschön – das halbrunde polychrome Deckenfenster der Tettuccio-Therme in Montecatini Terme

17

MONTECATINI ALTO – BERGAUF PER BAHN

NOSTALGIEFAHRT MIT DER FUNICOLARE

Der Ortsteil Montecatini Alto liegt auf knapp 300 Metern Höhe und bietet einen wunderschönen Panoramablick. Wer gerne sportlich unterwegs ist, kann den steilen Weg hinauf durchaus zu Fuß bewältigen. Dabei verpasst man aber die Fahrt mit der gemütlichen historischen Standseilbahn, der Funicolare di Montecatini.

Die Bahn wurde Ende des 19. Jahrhunderts erbaut, weil immer mehr Touristen kamen und hinauf in den oberen Stadtteil wollten. Als 1897 die ersten Schienen verlegt wurden, freuten sich die Einheimischen ebenfalls, bald nicht mehr den beschwerlichen Marsch auf sich nehmen zu müssen. Zur Einweihung im Juni 1898 war auch Giuseppe Verdi zugegen, der Dauergast im unteren neueren Stadtteil Montecatini Terme war und sich in den Thermalbädern behandeln ließ.

Die Standseilbahn, die ursprünglich mit Dampf betrieben wurde, legt eine Strecke von über einem Kilometer zurück, und das bei einer Steigung von 38,5 Grad. Die beiden Wagen, die heute mit elektrischer Technik im Einsatz sind, heißen Gigio und Gigia und sind die einzigen noch funktionierenden Wagen ihrer Art in ganz Italien. Innen gibt es drei Abteile mit knarzenden Holzbänken. Doch die besten Plätze in der roten Bahn sind eindeutig die Stehplätze auf den zwei Balkonen, denn von hier hat man die beste Sicht, und kein Fensterrahmen stört beim Fotografieren. Ungefähr acht Minuten dauert die Fahrt, bei der mit jedem Meter der Blick auf die Umgebung schöner wird.

Bezauberndes Städtchen

Aber auch oben, im historischen Städtchen angekommen, ist viel Bilderbuchmäßiges festzuhalten: eine mittelalterliche Burg, steile Gässchen und der schöne alte Uhrturm, der Torre dell'Orologio, der zugleich ein guter Orientierungspunkt ist. Sehr sehenswert ist die Kirche San Pietro, deren Inneres im 18. Jahrhundert im Barockstil umgebaut wurde. Wenn Montecatini Alto aus dem Winterschlaf erwacht und sich die Vegetation im Frühjahr verändert, sieht man überall rankende Pflanzen an Mauern und in Gärten und üppig blühende Blumen in Kübeln. Dann ist die Stimmung auf dem Hauptplatz, der Piazza Giuseppe Giusti, besonders charmant, denn kleine und gute Restaurants mit vielen Tischen im Freien reihen sich dort aneinander.

So schön es ist, hier zu verweilen – gerade an lauen Sommerabenden sollte man die Zeit nicht völlig aus dem Blick verlieren, um die letzte Standseilbahn ins Tal nicht zu verpassen. In der Hauptsaison von März bis Oktober fährt die Funicolare jede halbe Stunde, in der Regel ab 9.30 Uhr bis Mitternacht, mittags gibt es ein Pausenfenster von anderthalb Stunden. Fahrkarten kann man direkt an der Talstation erwerben, die man gut verwahren sollte, denn sie gelten auch für die Rückfahrt.

← Die älteste Standseilbahn Italiens verbindet Montecatini Terme mit Montecatini Alto.
↓ Die köstlichste Bistecca alla Fiorentina gibt es in der Bistecceria Osteria il Bivio.

INFO

ZWEIERLEI GENÜSSE

In diesem Lokal fühlen sich Fleischfreunde wie im Schlaraffenland: In der Osteria il Bivio in Montecatini Alto kann man in großen Kühlschränken das Fleisch begutachten, das der Küchenchef empfiehlt und das man später unters Messer bekommt. Aber auch fleischlos kann man in der Osteria glücklich werden. Sehr gute, preislich faire Küche in urigem Ambiente.

Steht einem der Sinn nach süß, ist die sehr beliebte Gelateria La Gigia auf dem Hauptplatz Piazza Giusti in Montecatini Alto eine gute Adresse: Sie bietet köstliches Eis auf die Hand. Und wer eine Pause braucht, trinkt hier einen richtig guten Espresso und nascht dazu vielleicht eine frisch zubereitete Crêpe.

WEITERE INFORMATIONEN

Bistecceria Osteria il Bivio, Località Vico 1, 51016 Montecatini Alto, osteriailbivio.com
Gelateria La Gigia, Piazza Giusti, 51016 Montecatini Alto, Facebook.com/gelaterialagigia
montecatini.turismo.toscana.it
visittuscany.com

18

PISTOIA – STADT MIT VIELEN SEITEN

SCHMUCKSTÜCK MIT ANTIKEN WURZELN

Das hübsche Pistoia schmiegt sich an die Ausläufer des Apennins und eignet sich ideal für einen Tagesausflug für Urlauber, die in Pisa, Lucca oder Florenz wohnen. Sich die Zeit zu nehmen, hat Pistoia mehr als verdient, denn nicht umsonst war der Ort mit knapp 90 000 Einwohnern im Jahr 2017 Europäische Kulturhauptstadt.

Die historische Altstadt rund um den Dom und der großzügig bemessene Domplatz sind prachtvoll. Hier finden sich erste Siedlungsspuren aus der Bronzezeit und der Epoche der Etrusker. Das römische Pistorium wurde im 2. Jahrhundert v. Chr. gegründet, doch seine Blütezeit erlebte es erst im Mittelalter. Den Dom baute man im Laufe der Jahrhunderte mehrfach um. Ihre heutige Form im romanisch-pisanischen Stil erhielt die Cattedrale di San Zeno im 12. und 13. Jahrhundert, bis Mitte des 20. Jahrhunderts gab es immer wieder Veränderungen.

Die Fassade von Giovanni della Robbia zeigt in einem halbkreisförmigen Bogenfeld die Jungfrau mit Kind flankiert von zwei Engeln. Auch innen ist die Kathedrale von ergreifender und nicht überladener Schönheit. Hier sollte man dem silbernen Altaraufsatz, Altare d'Argento di San Jacopo, rechts vom Haupteingang Aufmerksamkeit schenken, einem Meisterwerk der Schmiedekunst mit unzähligen Szenen aus dem Neuen und Alten Testament, das der große Filippo Brunelleschi im 15. Jahrhundert vollendet hat. Der schöne Backstein-Glockenturm, der Campanile, bietet einen tollen Blick über den Domplatz und auf das Battistero, die achteckige Taufkapelle aus dem 14. Jahrhundert, mit der eleganten Fassade aus weiß-grünem Marmor.

Blühendes Pistoia

Das renovierte ehemalige Krankenhaus aus dem 13. Jahrhundert, Ospedale del Ceppo, an der Piazza Giovanni XIII, fasziniert mit den bunten Terrakottafriesen von Giovanni della Robbia. Die Friese stellen die sieben Werke der Barmherzigkeit (Sette Opere di Misericordia) dar, während die kreisrunden Schmuckfelder zwischen den Bögen die theologischen Tugenden wie Glaube, Liebe, Hoffnung zeigen. In dem früheren Krankenhaus widmet sich das Museo dello Spedale del Ceppo der glasierten Terrakottakunst und der früheren Gesundheitsfürsorge des Hospitals – angesichts einiger ausgestellter Operationsbestecke möchte man in diesen Zeiten lieber nicht krank gewesen sein.

Pistoia hat noch eine grüne Seite, denn rund um die Stadt befindet sich Europas größtes Baumschulgebiet. Bei idealem Klima wachsen auf riesigen Flächen zahlreicher Gärtnereien und Baumschulen Zier- und Gartenpflanzen. Hier gedeihen Samen und Stecklinge, kleine Olivenbäume und Palmen werden in Pflanztöpfen vorgezogen, Oleanderbüsche stehen in Reih und Glied und warten auf ihre Reise in Geschäfte und Gärten in ganz Europa.

INFO

KAFFEE, BLUES UND WEICHE BETTEN

Das Caffè Duomo ist der richtige Ort, um seine Eindrücke vom Altstadtbummel zu verdauen, es liegt direkt am Dom an der Piazza del Duomo 15.

Seit mehr als drei Jahrzehnten zieht Pistoia während vier Tagen im Juli die Großen der internationalen Blues-Szene an. Auf der Freilichtbühne sind schon B. B. King, Miles Davis oder Sting aufgetreten.

Im Palazzo Puccini, der ausnahmsweise mal nichts mit dem berühmten Komponisten zu tun hat, macht das Wohnen Freude – zumal es in dem eleganten Palazzo auch Drei- und Vierbettzimmer gibt mit hohen Decken, antiken Möbeln und originalen Fresken.

WEITERE INFORMATIONEN

Baumschule mit Restaurant der Brüder Mati, Via Carlo Levi 15/A, 51100 Pistoia, piantemati.com
Baumschule Poli Romano, Via Ombrone Vecchio, 51100 Pistoia, polivivai.it
pistoiablues.com
Palazzo Puccini, Vicolo Malconsiglio 4, 51100 Pistoia, lsmpistoia.it

↑ Farbenfroh: der Wandfries aus dem 13. Jahrhundert am Ospedale del Ceppo in Pistoia
← Die dreischiffige Säulenbasilika San Zeno in Pistoia wurde vor dem Jahr 1000 erbaut.

19

PRATO – GÜRTEL, STOFFE UND EIN KASTELL

DIE HISTORISCHE TEXTILSTADT

Prato, die zweitgrößte Stadt der Toskana nach Florenz, ist kein typischer Touristen-Hotspot, aber unbedingt sehenswert. Das bis heute für Italien wichtige Zentrum der Textilindustrie hatte seine Blütezeit als Handelsort für Wolle, Seide und Stoffe im 13. und 14. Jahrhundert. Die beeindruckende Altstadt bezeugt das bis heute.

Der aus dem 12. Jahrhundert stammende Dom Santo Stefano auf der Piazza del Duomo wirkt mit seiner Marmorfassade, bei der sich weiße und grünliche Querstreifen abwechseln, außergewöhnlich, auch die weit herausragende Außenkanzel an der rechten Domwand von 1428 fällt auf. Diese wurde nach einem Entwurf von Michelozzo und Donatello gestaltet und mit Reliefs aufwendig geschmückt, um eine besondere Reliquie zur Schau zu stellen, den sogenannten Mariengürtel, Sacra Cintola. Angeblich hat die Jungfrau Maria diesen Gürtel vor ihrer Himmelfahrt dem Apostel Thomas gegeben.

Beim Fest Sacra Cintolla wird auf der Kanzel diese Marienreliquie präsentiert, die nach dem Zweiten Kreuzzug von Jerusalem nach Prato gelangte. Das feine, mit Goldfäden durchwobene Wolltuch bewahrt man sonst in der Kapelle der Kathedrale in einem mit Schlössern gesicherten goldenen Reliquienschrein auf. Die Legende dazu ist im Eingangsbereich auf einem faszinierenden Freskenzyklus von Agnolo Gaddi zu sehen. Auf dem Domplatz steht die Statue von Giuseppe Mazzoni. Der in Prato geborene Politiker und berühmte Freimaurer (1808–1880) hat sich immer wieder unnachgiebig für die Autonomie der Toskana eingesetzt.

Feiner Zwirn und massive Mauern

Eine andere wichtige Persönlichkeit der Stadt war der wohlhabende Kaufmann Francesco di Marco Datini (1335–1410), einer der bekanntesten Wollproduzenten, der auch mit Geld und Kunst zu handeln verstand. Er hat Prato das umfangreichste Handelsarchiv des Mittelalters hinterlassen mit rund 150 000 Schriftstücken. In seinem Palazzo ist heute das Museo Casa Francesco Datini untergebracht.

Das Kaiserkastell, das Castello dell'Imperatore in Prato, ist das einzige Beispiel staufischer Architektur im nördlichen und zentralen Italien. Es wurde zwischen 1237 und 1248 auf Befehl von Kaiser Friedrich II. erbaut, der selbst aber nie bis nach Prato gelangte. Die Burg wurde von einem Landvogt bewohnt, der den Auftrag hatte, die Straßen zu schützen, die das Römische Reich mit Süditalien und Sizilien verbanden. Seitlich an der Zugangspforte erinnern die schwäbischen Löwen an die kaiserliche Macht. Wenn man die Burg betritt und über eine Treppe im Wachturm in den oberen Laufgraben erreicht, hat man einen herrlichen Ausblick auf die Altstadt und die Umgebung. Schräg gegenüber der Kaiserburg an dem Platz befindet sich die Basilika Santa Maria delle Carceri, ein schöner Kontrast zum kantigen Kastell.

← Schwäbische Architektur im Norden Italiens: das Castello dell'Imperatore in Prato
↓ Die leckeren gerollten *Piadini* serviert das Restaurant Le Barrique in Prato.

INFO

PAUSE MIT NIVEAU

Das urige Restaurant Le Barrique mitten in der Altstadt von Prato ist zu empfehlen, wenn der kleine Hunger kommt oder am Abend – dann ist die Weinbar besonders gemütlich. Hier gibt es frisch belegte *Crostone* oder verschiedene *Piadini*, lecker gefüllte Fladenbrote, die vorher in der Pfanne gebacken werden. Außerdem serviert man eine ganz spezielle Wurst, die köstliche *Mortadella di Prato*.

Mitten in Prato steht ein wichtiges Industriedenkmal, die ehemalige Textilfabrik Camponi, in der sich das berühmte Museo del Tessuto befindet. Hier kann man zwei Jahrhunderte Textilgeschichte erleben, alte Stoffe, historische Maschinen oder Trachten, aber auch aktuelle Sammlungen zu neuen technologischen und modischen Entwicklungen der örtlichen Textilindustrie.

WEITERE INFORMATIONEN

Le Barrique, Via Giuseppe Mazzoni 19, 59100 Prato, lebarrique.it
Museo del Tessuto, Via Puccetti 3, 59100 Prato, museodeltessuto.it

Eine einsame Kapelle auf den Feldern in der Nähe von Montepulciano

DER OSTEN UND DIE MITTE

Meisterwerke der Gotik und herrschaftliche Weingüter

20

CASENTINO – STILLE SCHÖNHEIT

STREIFZÜGE DURCHS HINTERLAND

Im Casentino zeigt sich Norditaliens beliebte Urlaubsregion von ihrer ruhigen Seite. Hier gibt es keine liebliche Hügellandschaft mit Wein- und Olivengärten oder Zypressenalleen, sondern beeindruckende Bergwälder und blühende Wiesen. Dazwischen thronen über dem Fluss Arno Festungsstädtchen wie Poppi und Bibbiena.

Diese über Jahrhunderte fast unveränderte Landschaft scheint wie geschaffen für innere Einkehr und Ruhe. Dass sich auch Mönche in die Bergwelt zurückzogen auf ihrer spirituellen Sinnsuche, verwundert nicht. Im Casentino liegen einige der schönsten Klöster der Toskana verborgen, doch ihre Bewohner lassen sich gerade im Sommer nicht ungern von Neugierigen und Pilgern in ihrer Einsamkeit stören.

Tief in den Wäldern, in unberührter Natur, liegt eines dieser paradiesischen Klöster – die Einsiedelei Sacro Eremo di Camaldoli. Mit dem Bau der Gebäude, zu denen auch ein kleines Krankenhaus gehörte, wurde im 11. Jahrhundert begonnen; die Errichtung der gesamten Anlage war im 16. Jahrhundert abgeschlossen. Das Mutterhaus gehört zum Benediktinerorden, und die hier eremitisch lebenden Mönche sind bekannt für ihre Gastfreundschaft und Weltoffenheit. So gibt es in Camaldoli regelmäßig ökumenische Treffen mit jüdischen und islamischen Organisationen, auch zum Hinduismus suchen die Mönche Verbindungen. Zu den Kunstschätzen des Klosters gehören Gemälde von Giorgio Vasari aus dem frühen 16. Jahrhundert und eine der schönsten Terrakottaarbeiten von Andrea della Robbia.

Große Geister und hohe Gerichte

Wer Camaldoli im Herzen des Nationalparks Foreste Casentinesi besucht, kann das wunderbar mit erholsamen Spaziergängen oder ausgedehnten Wanderungen verbinden. Weite blühende Bergwiesen, von Quellgräben durchzogen, erwarten Naturbegeisterte auf den Höhen des Pratomagno-Massivs, Wind und Schnee haben den mit Grün überzogenen Bergkamm rund modelliert, eine Augenweide.

Doch auch weltliche Mächte haben sich diese Gegend inmitten des Naturparks Casentino ausgesucht, um von schönster Stelle ihre Besitztümer überschauen zu können und immer auch den Feind im Blick zu haben. So wie der Graf Guidi, der in Poppi 1260 sein Castello dei Conti Guidi errichten ließ, das später in der Renaissance noch baulich verändert wurde. Die Festung, eine der Hauptattraktionen der historischen Altstadt, ist zwar schlicht, aber mächtig imposant. Auf dem Vorplatz erinnert die Büste von Dante Alighieri an seinen Aufenthalt beim Grafen Guidi, der Italiens berühmten Dichterfürsten in der Zeit seiner Verbannung aus Florenz für ein Jahr auf der Burg aufgenommen hatte. Angeblich soll Dante in seiner Zeit in Poppi den 33. Höllengesang für »Die Göttliche Komödie« geschrieben haben.

Der Blick von der Festung ist fantastisch, und innen ist das Castello nicht minder beeindruckend, denn die mittelalterliche Gestaltung ist sagenhaft gut erhalten. Bei einer Besich-

→ Der natürliche und unverbaute Flusslauf des Corsalone im Casentino-Tal lädt zum Baden ein.

← Die traditionellen Kleidungsstücke aus Casentino-Tuch sind bis heute sehr begehrt.
↙ Eine Attraktion in der Burgkapelle von Poppi: der Freskenzyklus von Taddeo Gaddi
↘ Beschaulich geht es zu auf der Piazza Tanucci in Stia, das am Staggia-Fluss liegt.

tigung gelangt man durch das enge alte Gefängnis und zu den Stallungen, im Innenhof befindet sich der steinerne »Tisch der Gerechtigkeit«, an dem das Mitte des 15. Jahrhunderts in Poppi eingeführte Gericht seine Rechtsprechung ausübte. Die Kassettendecke und der Festsaal sind prunkvoll, und vor allem die alte Biblioteca Rilliana aus dem 16. Jahrhundert ist ein wahrer Schatz. Mit ihren rund 25 000 alten Büchern und wertvollen Manuskripten ist sie unbedingt sehenswert.

Mit der Natur auf Tuchfühlung

Nördlich von Poppi liegt Stia. In Stia mündet der Staggia als erster Nebenfluss in den Arno. Die Stadt war lange ein wichtiges Zentrum der Wollindustrie. Heute befindet sich in der schönen alten Wollfabrik, die vom 19. Jahrhundert an wichtigster Arbeitgeber des Casentinos war und die im Jahr 2000 geschlossen wurde, ein Museum. Das eindrucksvolle Museo dell'Arte della Lana – Lanificio di Stia – zeigt historische Fotoaufnahmen, Techniken und die Weiterentwicklung der Wollspinnerei sowie Wissenswertes zur Stoffherstellung. Sie ist als Sinnesparcours angelegt, um die Wollverarbeitung besser nachvollziehen zu können. Neben dem Eingang des Museums werden bei Tessilnova Decken, Kleidungsstücke und die für das Casentino typischen filzähnlichen groben Wollstoffe in den traditionellen Grün- und Orangetönen verkauft. Es gibt aber auch andere hochwertige handgefertigte Wollbekleidung aus ganz Italien.

Das ursprünglich gebliebene Bibbiena südlich von Poppi und oberhalb des Arnos ist der wichtigste Ort des Casentino-Tals. Wegen seines schönen historischen Barocktheaters mit den samtroten Rängen und dem Bühnenbildmuseum wird Bibbiena auch gern als »Theaterstadt« bezeichnet. Sehenswert ist das Oratorium von San Francesco – baulich eine wahre Seltenheit in der Toskana: Die Kirche wurde im 16. Jahrhundert errichtet, dann Mitte des 18. Jahrhunderts komplett im Rokokostil umgestaltet und im 19. Jahrhundert mit einer klassizistischen Fassade verblendet.

Gut 25 Kilometer von Bibbiena entfernt am südöstlichen Rand des Casentinos liegt im Wald auf einem Felsvorsprung in über 1100 Metern Höhe das Kloster La Verna, das Santurario della Verna. Das paradiesisch abgeschiedene Kloster wurde an dieser spektakulären Stelle zu Ehren von Franz von Assisi errichtet, der hier mit dem Teufel gekämpft und die Wundmale Christi erhalten haben soll. Seitdem ist das Kloster eine wichtige Pilgerstätte für Franziskaner und Wallfahrer aus der ganzen Welt. In der Kirche ist ein weiteres Meisterwerk des Bildhauers Andrea della Robbia zu sehen. Den Besuch dieses Klosters, das am südlichen Zipfel des tierreichen Nationalparks Foreste Casentinesi liegt, kann man auch mit Wanderungen verbinden und die Naturoase mit Rot- und Damwild, mit Wildschweinen und sogar mit Wölfen teilen.

INFO

TYPISCH CASENTINISCH
Das Licht des Casentino hat auch Künstler beeinflusst wie den Gegenwartsmaler Mario Fani, der 1950 in Poppi geboren ist und in seinem Ferienhaus im abgelegenen Ortignano ein Atelier unterhält. Besonders liebt er das Licht im Herbst, wenn sich die Kastanienwälder gelb und rot verfärben.

Ein stimmungsvolles Lokal mit einem sehr schönen Laubengarten gegenüber der Burg in Poppi ist das Ristorante Albergo Casentino. In dem Anwesen aus dem 18. Jahrhundert gibt es leckere toskanisch-casentinische Küche wie die typischen *Tortelli di patate*, mit Kartoffeln gefüllte Teigtaschen.

Mitten in Bibbiena wird im Ristorante Il Tirabusciò Feinstes aufgetischt, vorrangig aus frischen Produkten des Casentino. In dem vom Michelin-Gourmetführer empfohlenen Restaurant darf das Chianina-Rind auf der Karte nicht fehlen, etwa als *Bistecca alla Fiorentina* oder als Füllung in Raviolini. Unbedingt reservieren!

WEITERE INFORMATIONEN
Wollmuseum in Stia, Via Sartori 2, 52017 Stia, museodellalana.it
Ristorante Albergo Casentino, Piazza della Repubblica 6, 52014 Poppi, ristorantealbergocasentino.it/de
Ristorante Il Tirabusciò, Via Rosa Scoti 12, 52011 Bibbiena, tirabuscio.it

Besuch im Atelier des Künstlers Mario Fani im Casentino

21

 AREZZO – BEZAUBERNDE PROVINZ

DOLCE VITA AM SCHIEFEN PLATZ

Pisa hat seinen Schiefen Turm, und Arezzo glänzt mit einem schiefen Platz. Die Piazza Grande ist allerdings keine Fehlplanung, sondern wurde schlicht abschüssig gebaut. Im Herzen Arezzos entstanden auch Teile der Oscar-gekrönten Tragikomödie von Roberto Benigni »Das Leben ist schön« – und andere große Filme.

Der Teil der historischen Altstadt, der nicht im Zweiten Weltkrieg zerstört wurde, ist wirklich bezaubernd mit seinem schiefen Platz als Zentrum des städtischen Lebens. Jeden Monat ist er Schauplatz für den ältesten und größten Antiquitätenmarkt Italiens. Die Fiera Antiquaria findet am ersten Sonntag im Monat und den Samstag davor statt. Das bunte Treiben mit über 500 Händlern und Zehntausenden von Besuchern zieht sich bis in die Seitengassen, auch die angrenzenden Geschäfte beteiligen sich. Einzigartige Raritäten und Schnäppchen stehen hier zum Verkauf: römische Münzen, altes Porzellan und Keramiken, Möbel, Musikinstrumente oder verzierte Standuhren und viele Kuriositäten. Das jährliche mittelalterliche Ritterspektakel Giostra del Saracino spielt ebenfalls auf der Piazza.

Die romanische Chiesa di Santa Maria della Pieve, Arezzos älteste Kirche aus dem 12. Jahrhundert mit der beeindruckenden Rundung ihrer Apsis, den vielen Säulen und kleinen Bögen, ist ein Schmuckstück der Piazza. Ihr später entstandener Glockenturm wird wegen seiner markanten Zwillingsfenster »Turm der 100 Löcher« genannt. Daneben beeindruckt der mit einem Uhrturm gekrönte Palazzo della Fraternità dei Laici, der an eine Kirche erinnert. Er wurde Ende des 14. Jahrhunderts im gotischen Stil begonnen und in der Renaissance vollendet. Am oberen Ende des abschüssigen Platzes schließt sich der einladende Gewölbegang des Palazzo delle Logge an. Dieser ist das Werk von Giorgio Vasari, dem Hofmaler und Baumeister der Medici, der 1511 in Arezzo zur Welt kam; ein Café unter den schönen Arkaden trägt seinen Namen.

Das Caffè Vasari ist ein eleganter Ort, um einen zugegeben nicht ganz günstigen Kaffee oder Aperitif zu genießen, dafür aber mit bestem Fotoblick. Vasari hat auch sein eigenes Museum: Am Rande der Altstadt befindet sich der üppig ausgeschmückte, von ihm entworfene Palast, in dem er lebte und arbeitete. Das heutige Museo di Casa Vasari mit dem beeindruckenden »Saal der Tugend« und einem wunderbaren Dachgarten im Stil der Renaissance erzählt viel über Vasari, der als Kunsthistoriker wichtige Schriften hinterließ.

Bezaubernde Beschaulichkeit

Oberhalb der Stadt und angrenzend an den Dom befindet sich der sehr schöne öffentliche Park Il Prato, der mit seinen Pinien und anderen großen Bäumen ein Ort der Ruhe und ein beliebter Treffpunkt der Stadtbewohner ist. Unweit der Medici-Festung Fortezza Medicea auf der Anhöhe des Colle San Donato steht das 1928 errichtete weiße Marmormonu-

← Der Palazzo delle Logge auf der Piazza Grande lädt mit netten Lokalen zum Verweilen ein. Giorgio Vasari hat den Palast im 16. Jahrhundert entworfen.

ment von Francesco Petrarca, einem weiteren Vertreter aus der Riege bedeutender italienischer Dichter und Denker. Petrarca wurde 1304 in Arezzo geboren und gilt als Mitbegründer des Humanismus. Er verehrte die Antike und verfasste seine Lyrik ganz im Stil seines großen Vorbilds Cicero. Neu im Sinne des Aufbruchs der Renaissance war, dass Petrarca den Menschen in den Mittelpunkt des Weltgeschehens rückte, im Gegensatz zum mittelalterlichen Weltbild, in dem Gott als Lenker aller Dinge fest verankert war.

Der imposante Dom von Arezzo, die Cattedrale dei Santi Pietro e Donato mit ihrem hohen spitzen gotischen Turm, thront auf dem anderen Hügel Arezzos, dem Colle San Pietro. Mit dem Bau des Doms wurde Ende des 13. Jahrhunderts begonnen, doch vollendet war er erst 1511. Der Besuch lohnt allein schon, um das friedvolle und berühmte Fresko der heiligen Maria Magdalena im linken Seitenschiff zu betrachten, ein Meisterwerk von Piero della Francesca. Mittig zieht der reich verzierte Marmoraltar des heiligen Donatus die Blicke auf sich, der Hochaltar ist auf der Rückseite mit dem Grab des Heiligen verbunden. Giorgio Vasari entwarf 1554 den hölzernen Chor.

Meisterwerke der Glaskunst sind die sieben bunten Fenster des französischen Glasmalers Guillaume de Marcillat, und auch die florentinische Bildhauerfamilie della Robbia, die mit ihren Terrakottaarbeiten in ganz Italien die Kunst der Renaissance prägte, hat im Dom ihre Spuren hinterlassen. In der Cappella della Madonna del Conforto sind fünf bemerkenswerte glasierte Terrakottafiguren aus der Werkstatt von Andrea della Robbia zu sehen. Rechts, unweit des Eingangs, glänzt die goldene Gesichtsmaske auf dem Sarkophag von Papst Gregor X. Der Papst verstarb 1276 in Arezzo nach seiner Rückkehr vom zweiten Konzil in Lyon und hinterließ angeblich 30 Goldgulden eigens für den Bau der Kathedrale.

Wertvolle Fresken

Der Corso Italia, die lange Fußgängerzone, die von zahlreichen Geschäften und Boutiquen gesäumt die gesamte Altstadt durchzieht, eignet sich wunderbar zum Bummeln und Einkaufen. Der Corso ist aber auch eine gute Orientierungsmeile, um die nächsten Sehenswürdigkeiten und Kunstschätze zu finden, zum Beispiel die prachtvolle und bedeutendste Kirche Arezzos, die Basilica di San Francesco. In ihrer kleinen Kapelle im Hauptchor, der Cappella Bacci, ist ein Freskenzyklus zu bestaunen, der zu den großartigsten Kunstwerken Italiens zählt. Er wurde von Bicci di Lorenzo begonnen und nach seinem Tod von Piero della Francesca 1466 vollendet. Die 15 Wandszenen stellen die Legende vom Wahren Kreuz dar, dem Kreuz, an dem Jesus Christus starb. Eine zauberhafte Szene in dem Film »Der englische Patient« spielt in San Francesco. Von unschätzbarem Wert ist auch das große Altarkruzifix, ein Werk, das Duccio di Boninsegna zugeschrieben wird und das wahrscheinlich aus dem Jahr 1289 stammt.

↗ Der Palazzo della Fraternità dei Laici gehört zu den wichtigsten Gebäuden Arezzos.
← Der Corso Italia, die zentrale Geschäftsstraße, führt schnurgerade durch die Altstadt.

INFO

VIER ARTEN VON GLÜCK

Das Ritterspektakel Giostra del Saracino hat zwei Ausgaben, eine am vorletzten oder letzten Wochenende im Juni und eine am ersten Sonntag im September. Die vier Stadtviertel kämpfen mit ihren besten »Rittern« um die begehrte Goldene Lanze. Das farbenfrohe Spektakel ist eine unvergessliche Zeitreise ins Mittelalter.

Wer durch die Gassen Arezzos schlendert, dem begegnet auch moderne Kunst. Street-Art-Künstler kokettieren gerne mit der guten alten Renaissance und verpassen den Medici Taucherbrillen. Auf der Haupteinkaufsmeile Corso Italia hält das Feinkostgeschäft Antica Bottega eine erlesene Auswahl an Käse, Salami, Nudelsorten oder Wein parat. Der Laden ist vollgestopft mit vielen Köstlichkeiten, die die sympathischen Inhaber gerne zum Probieren anbieten.

WEITERE INFORMATIONEN

Wer die Cappella Bacci in der Basilica di San Francesco besichtigen möchte, sollte vor allem in der Hochsaison Karten telefonisch oder per E-Mail vorbestellen, da jeweils nur 30 Besucher für eine halbe Stunde in die Kapelle dürfen. Das Kartenbüro liegt unterhalb des Kirchenportals, pierodellafrancesca.it
Ritterspektakel, giostradelsaracino.it
Antica Bottega, Corso Italia 24, 52100 Arezzo, anticabottegatoscana.it

Überall zu finden – Street-Art in Arezzo

22

VOLTERRA – DER STOLZ DER ETRUSKER

FRÜHE BLÜTE

Der gut erhaltene mittelalterliche Ort liegt auf einem Plateau in 500 Metern Höhe und wirkt mit seiner Stadtmauer zunächst fast abweisend. Aber schnell erkennt man den freundlichen Charakter Volterras, geht auf den kopfsteingepflasterten Straßen auf Entdeckungstour und ist vom Alter dieser Stadt beeindruckt.

Während der Glanzzeit der Etrusker sollen hier 25 000 Menschen gelebt haben. Aufgrund seiner besonderen Lage war das windumtoste Volterra später eine der letzten Städte, die sich Rom unterwerfen musste. 260 v. Chr. wurde sie ins Römische Reich integriert. Der Großteil der Altstadt entstand im 12. und 13. Jahrhundert, zu dieser Zeit war Volterra schon lange wieder unabhängig und musste sich erst in der zweiten Hälfte des 14. Jahrhunderts gegen das Machtgebaren der Medici wehren. Die Einwohner blieben widerspenstig. Auch nach einem ersten Sieg der Florentiner rebellierten sie, um dann endgültig brutal niedergeschlagen zu werden. Später musste sich Volterra dem Großherzogtum Toskana unterordnen.

Heute hat Volterra nur knapp 10 000 Einwohner, jedoch die Pracht der Sehenswürdigkeiten aus alten Zeiten ist groß geblieben und bestens erhalten. Den Mittelpunkt bildet die Piazza dei Priori mit dem seit dem Mittelalter bestehenden Markttreiben jeden Samstag und dem zinnengekrönten Palazzo dei Priori, dem ältesten Rathaus der Toskana. Der Dom Santa Maria Assunta, eingeweiht 1120, wurde mehrfach umgebaut, gleich daneben steht das achteckige Baptisterium, darin das reliefverzierte Taufbecken.

Gut erhaltene Pracht

Im Stadtteil Vallebuona sind die Reste des römischen Theaters zu sehen, das wohl schönste Amphitheater Italiens. Besonders gut und kostenlos zugleich ist der Blick hinunter von der Via Lungo le Mura del Mandorlo auf die grün überwucherten Sitzränge, wo seinerzeit 2000 Menschen Platz fanden, auf die zweistöckigen Säulenstrukturen, den Orchestergraben und die Bühne.

Ebenfalls ein Muss ist das Museo Etrusco Guarnacci im Palazzo Desideri Tangassi von 1761. Es hütet eine der beeindruckendsten etruskischen Sammlungen Italiens. Besondere Aufmerksamkeit verdienen die Urnen. Mehr als 600 Urnen sind ausgestellt, besser gesagt: kleine Aschesärge aus Alabaster und Tuffstein, die Sarkophagen gleichen – viele mit kunstvoll verzierten Deckeln. Zahlreiche symbolische Tiere wie geschnäbelte Greife, Delfine, Seepferdchen oder Kentauren zieren die Urnen. Ebenso fantasiebeflügelnd sind Szenen des realen Lebens wie Zirkusspiele, Festzüge, aber auch zärtliche Abschiedsszenen – von Pferden gezogene Wagen stehen bereit zur letzten Reise. Auch die Eberjagd ist oft Motiv, sie war den Etruskern wichtig und gilt noch heute als beliebter und vornehmer Sport in Italien.

← Das Teatro Romano, errichtet unter Kaiser Augustus, ist noch sehr gut erhalten.
↓ Leckere und typische toskanische Gerichte zu fairen Preisen: Il Sacco Fiorentino

INFO

ZU BESUCH BEI FAMILIE VITI

Der Palazzo Viti in der Altstadt entführt seine Besucher in das Leben einer Kaufmannsfamilie des 19. Jahrhunderts. Giuseppe Viti war eine bedeutende Persönlichkeit in Volterra, die durch den Handel mit Alabaster reich wurde und hohen Besuch auch von Königen und Prinzen erhielt. Von seinen Reisen nach Amerika und Asien brachte er Kunstwerke und Erinnerungsstücke mit, die neben antiken Möbeln, Alabaster- und Porzellansammlungen in zwölf Sälen zu bewundern sind. Der Palazzo wird immer noch von Nachkommen der Familie Viti bewohnt.

Nicht weit vom Dom tischt Il Sacco Fiorentino toskanische Küche vom Feinsten auf, etwa Wildschweinragout oder Pasta mit Trüffeln. Der Name des Restaurants erinnert an die Eroberungsangriffe auf Volterra durch die Florentiner.

WEITERE INFORMATIONEN

Palazzo Viti, Via dei Sarti 41, 56048 Volterra, palazzoviti.it
Il Sacco Fiorentino, Via Giusto Turazza 13, 56048 Volterra

23

ALABASTER – STEIN DER GÖTTIN

EIN WANDELBARES MATERIAL

In der Umgebung von Volterra ist der Alabaster von feinster Qualität und großer Vielfalt und war schon für die Etrusker ein wichtiger Rohstoff. Auch heute noch ist die Stadt berühmt für ihr Alabastervorkommen. An der weltweit einzigen Schule für Alabasterkunst werden in Volterra junge Künstler ausgebildet.

Schlendert man durch die Altstadt, kann man sich der weißen Pracht kaum entziehen, die, aufs Schönste präsentiert, in zahlreichen Schaufenstern und Läden als Lampen, Vasen, Figuren oder Früchte zum Kauf verführen will. Alabaster ist ein natürlich vorkommender Gips, ähnlich transparent wie Milchglas. Er sieht fast aus wie Marmor, lässt sich aber wie Holz bearbeiten. Das feinkörnige Material tritt mal gelblich, mal grauer und bisweilen rötlich beim Aufschürfen der Erde zutage. Alabaster kommt auch als eiförmiger Rohling vor in 100 bis 300 Metern Tiefe. Vermutlich stammt das Wort aus dem Ägyptischen von *ana(r) bast(et)* und bedeutet »Stein der Göttin Bastet«. Die Göttin besaß angeblich Schminkgefäße aus Alabaster.
Der besondere Gips wird bis heute in Gruben rund um Volterra abgebaut und war schon zu Römerzeiten beliebtes Material für kunstvolle Wandverkleidungen oder Gefäße. Später verlor Alabaster sein Ansehen, er war eben doch nicht so wertvoll wie Marmor, war schneller zu verarbeiten und galt eine Zeitlang auch als billiger Ersatzstoff für Glas, ein Massenprodukt – all das ließ ihn minderwertig erscheinen, und das Material kam ein wenig aus der Mode, zumal im nicht weit von Volterra entfernten Carrara reinweißer Marmor zu finden war.

Späte Wiederentdeckung

Erst Marcello Inghirami-Fei machte den Alabaster wieder salonfähig und zu einem nachgefragten Gut. Der italienische Adelige engagierte um 1790 Künstler aus Frankreich und Italien, um die Kunsthandwerker Volterras bestmöglich auszubilden. Er verkaufte Alabasterprodukte höchster Güte in eigenen Läden und verschiffte sie über die Hafenstadt Livorno in alle Welt. Die Kolonialzeit Anfang des 19. Jahrhunderts spielte ihm in die Karten.

Seither ist Volterra für seinen Alabaster berühmt. Wer offenen Auges durch die Stadt streift, kann einige Alabaster-Ateliers entdecken und vielleicht auch einmal betreten. Es lassen sich Workshops bei Künstlern buchen, bei denen man sich selbst an dem samtig-weißen Material ausprobieren kann. Ein Besuch in Volterras Alabastermuseum, im Ecomuseo dell'Alabastro, informiert anschaulich über die Geschichte des Alabasters, den Abbau und die Verarbeitung, hier ist auch eine nachgebaute Alabasterwerkstatt zu sehen. Wer Alabasterkunst der Antike bewundern möchte, sollte in die Etruskische Sammlung des Museo Etrusco Guarnacci gehen und sich hier besonders die reich verzierten Aschesärge anschauen.

INFO

INTERESSANT FÜR KREATIVE

Die Genossenschaft der besten Alabaster-Handwerker Volterras, die Cooperativa Artieri Alabastro, hat ein gemeinsames Geschäft an der schönen Piazza dei Priori mit besonderen handgefertigten Artikeln und Lampen.

Der italienische Kulturverein Villa Palagione – Centro Interculturale bietet von Frühjahr bis Herbst einwöchige Alabaster-Workshops an, auf Wunsch auch mit Unterkunft.

In der Werkstatt Rossi Alabastri sind angemeldete Gruppen und Studenten herzlich willkommen – sie können bei der Alabasterverarbeitung zuschauen und Fragen loswerden.

WEITERE INFORMATIONEN

Cooperativa Artieri Alabastro, Via Padre Eugenio Barsanti 28, 56048 Volterra
Villa Palagione, villa-palagione.org
Rossi Alabastri, Piazzetta della Pescheria, 56048 Volterra, rossialabastri.com
Museo Etrusco Guarnacci, museivaldicecina.it

↑ In Volterra wird seit etruskischer Zeit der gut formbare Alabastergips verarbeitet.
← Oft darf man die kleinen Werkstätten und Läden der Künstler auch besichtigen.

24

SAN GIMIGNANO – STEINERNE MACHTSPIELE

STADT DER HIMMELSSTÜRMER

San Gimignano thront auf einem Hügel, und schon von Weitem ist die beeindruckende Silhouette der Stadt mit ihren Geschlechtertürmen zu erkennen. Die Türme sind das geschichtliche Überbleibsel des Machtspiels reicher Patrizierfamilien. Das »Manhattan des Mittelalters« gehört seit 1990 zum UNESCO-Weltkulturerbe.

Die Stadt war ursprünglich ein etruskisches Dorf und wurde nach dem Bischof von Modena, dem heiligen Gimignano, benannt, der sie vor dem Hunnenkönig Attila gerettet haben soll. Wegen seiner besonderen Lage an der alten Handelsroute *Via Francigena* kam San Gimignano zu Wohlstand, und die adligen Familien der Stadt versuchten, mit dem Bau hoher Geschlechtertürme einander zu übertrumpfen. 14 von ursprünglich 72 Türmen sind noch übrig. Mitte des 14. Jahrhunderts wütete die Pest in der Stadt, San Gimignano verlor an wirtschaftlicher Bedeutung, verarmte, und die meisten Türme verfielen.

Sein wahres Comeback verdankt San Gimignano der UNESCO, die die Altstadt 1990 zum Weltkulturerbe erklärte und viel Geld in die Restaurierungsarbeiten steckte. Um die Atmosphäre aus vergangenen Glanzzeiten so authentisch wie möglich zu erhalten, gab es kaum bauliche Zugeständnisse an die Moderne. Lediglich die einstigen Unterkünfte und Tavernen entlang der alten Handelswege wurden zu Läden und Snackbars umgestaltet. So ist die Stadt der Türme längst ein Ort, der die Menschen für einen Marktbesuch und Bummel auf der Suche nach dem richtigen Mitbringsel anzieht. Auch den berühmten weißen Vernaccia kann man in den stimmungsvollen Gassen in kleinen Weinhandlungen probieren und kaufen.

Das historische Zentrum von San Gimignano ist der Domplatz, die Piazza del Duomo. Wer sich einfach mal auf die Stufen gegenüber vom Dom, der Basilica Santa Maria Assunta, setzt, kann das muntere Treiben gut beobachten. Von der schlichten Fassade des Doms sollte man sich übrigens nicht täuschen lassen. Innen ist die romanische Stiftsbasilika umso auffälliger, die Wände sind mit bemerkenswert bunten Fresken aus dem 14. Jahrhundert verziert, die Szenen aus dem Alten und Neuen Testament zeigen. Schön, aber auch aufwühlend ist das Fresko von Taddeo di Bartolo. Es stellt den Satan dar, während er die Verräter geistlicher und politischer Autorität, Judas, Brutus und Cassius, mit seinen Mündern verschlingt, direkt inspiriert von Dante Alighieris »Göttlicher Komödie«, insbesondere dem 24. Höllengesang.

Mehr als nur Türme

Wer den Gruselfaktor mag und kein empfindliches Gemüt hat, der kann gleich zwei Museen im historischen Zentrum besuchen, die tief in die menschlichen Abgründe des Mittelalters blicken lassen. Das Foltermuseum Museo della Tortura und das Museo della Pena di Morte, das Museum der Todesstrafe, zeigen hautnah und zudem in alten Gewölbekellern, welche grausamen und ideenreiche Folter- und Hinrichtungsmethoden sich Menschen ausgedacht haben.

→ Manhattan des Mittelalters wird San Gimignano wegen seiner hohen Geschlechtertürme genannt.

Sehenswert ist der Palazzo Comunale aus dem 13. Jahrhundert, der immer schon Sitz der Stadtregierung war mit seinem prächtig bemalten Dante-Saal. Als Einziger der einstigen Prestigewolkenkratzer San Gimignanos kann die Torre Grossa, der mit 54 Metern höchste Turm, bestiegen werden. Die Bereitschaft, die mehr als 200 Stufen hinaufzustapfen, wird mit einem grandiosen Panorama belohnt.

Kulturgut Vernaccia

Wer den Turm lieber nicht erklimmt, kann von der Festungsruine La Rocca am Rande der Altstadt einen schönen Ausblick genießen. Die gleich neben der Ruine liegende Vernaccia di San Gimignano Wine Tasting Experience ist besonders für Weinfans interessant. La Rocca möchte ein Ort sein, an dem man den Wein direkt erleben kann, es ist Museum, Weinkellerei, Seminarstätte mit hauseigener Enoteca. Von den Erzeugern geführt, ist alles hier eine einzige Hommage an den berühmten strohgelben, feinen Weißwein, der rund um die Turmstadt gedeiht. Der Vernaccia di San Gimignano trug als erster italienischer Weißwein den Status einer »geschützten Herkunftsbezeichnung« und erhielt 1993 das Siegel der höchsten Qualitätsstufe DOCG. 1276 wird der Wein erstmalig in einer Steuerrolle der Gemeinde schriftlich erwähnt. Doch Bedeutung erlangte er, als der große Dichter Dante Alighieri ihn in seiner »Divina Commedia«, der »Göttlichen Komödie«, auftreten ließ. Darin schickt Dante Papst Martin IV. ins Fegefeuer, damit dieser für seine maßlosen Gaumenfreuden, ganz besonders die in Vernaccia ertränkten Aale, sühne. In einem audiovisuellen Ausstellungsbereich im oberen Stockwerk des Zentrums können Besucher alles Wissenswerte über den großen Tropfen erfahren und anschließend seinen einzigartigen Geschmack in der schönen Enoteca im Erdgeschoss genießen.

Balsam für die Seele

Mit seinen rund 8000 Einwohnern ist San Gimignano nicht groß, aber meistens von vielen Besuchern bevölkert, die vorrangig wegen der berühmten Türme kommen, doch dann dem gesamten Flair des Ortes erliegen. Außerdem lässt sich von der Stadt aus bestens die Jahrhunderte alte Kulturlandschaft bewundern mit den typischen Zypressenalleen, deren unverkennbarer Duft die Luft beherrscht und die Seele streichelt. Nicht nur betörend soll er sein, sondern auch heilsam. Früher führte man Leidende durch die Zypressenhaine, und noch heute hat Zypressenöl den Ruf, Traurigkeit zu lindern und angespannte Nerven zu beruhigen. Alles an dieser toskanischen Landschaft scheint gut zu tun, die sanft geschwungenen Hügel, das Licht und die Farben des frühen Frühlings, der mit frischem Grün, rosafarbenen Mandelblüten und gelben Mimosen Einzug hält. Dann, wenn morgens die Sonne immer öfter den Nebel aus den Tälern vertreibt und mit ihren bereits kräftigen Strahlen eine wohlige Wärme verbreitet.

↗ Die beste Aussicht auf die Stadt genießt man vom höchsten Turm aus, der Torre Grossa.
↖ Ein bisschen Kondition ist nötig: 200 Stufen sind es bis zur Aussichtsplattform.
← Unter den Arkaden der Piazza della Cisterna fühlt man sich ins Mittelalter versetzt.

INFO

IN UND UM SAN GIMIGNANO

Die wenigen Unterkünfte, die es im Ort selbst gibt, sollte man unbedingt im Voraus buchen. Das Hotel L'Antico Pozzo im historischen Zentrum bietet ein Ambiente wie in alten Zeiten mit Steinbögen und Wendeltreppen. Manche der 18 Zimmer sind mit Fresken geschmückt, und alle tragen Namen von Dichtern, so gibt es die Dante-Suite oder das Petrarca- und das Boccaccio-Zimmer.

In der Fattoria Poggio Alloro, nicht weit von San Gimignano entfernt, erwartet Gäste ein Überraschungsmenü vom Feinsten. Wer hier isst (immer reservieren!), weiß nicht, was die Küche an diesem Tag aus ihren eigenen Bio-Produkten zaubert und auf der schönen großen Terrasse serviert. Es gibt mehrere Gänge, Dessert, beste Weine – und einen Superblick auf die Rinder, die glücklich grasen, und auf die Geschlechtertürme in der Ferne. Zugegeben, der Weg zur Fattoria ist nicht ganz leicht zu finden, aber das Suchen lohnt, genauso wie der Einkauf im Hofladen.

WEITERE INFORMATIONEN

Hotel L'Antico Pozzo, Via San Matteo 87, 53037 San Gimignano, anticopozzo.it
Agriturismo Fattoria Poggio Alloro, Via Sant'Andrea 23, 53037 San Gimignano, fattoriapoggioalloro.com

Souvenirläden finden sich hier an jeder Ecke.

Das herrliche Deckenfresko im Hauptschiff des Doms San Donato in Arezzo

FORTITVDO
IVDAS PHARES ESRON

25

SAFRAN – WIEDERENTDECKTE LEIDENSCHAFT

FEUERROTE FASZINATION

Der Anbau von einem der teuersten Gewürze der Welt hat in San Gimignano bereits seit dem 12. Jahrhundert Tradition. Doch was früher ein einträglicher Handel war, ist heute vor allem Leidenschaft. Für das feuerrote Gewürz muss man schon brennen, um bei enormem Aufwand einen relativ geringen Ertrag zu erzielen.

Von Oktober bis November sind die Felder eine Augenweide, weit aufgeblühte zartlilafarbene Safran-Krokusblüten *(Crocus sativus)* überziehen die Hügel vor der Stadt. Doch sind die Blüten nur die schöne Nebensache der langwierigen und komplizierten Gewürzherstellung. Gepflückt werden die Blüten morgens, bevor sie sich öffnen, dann müssen per Hand die orangeroten Stempelfäden aus den Safranblüten herausgezupft werden. Denn auf diese kommt es, und jede Blüte enthält nur zwei bis drei dieser Fäden. Um am Ende wenige Gramm getrockneten Safran zu erhalten, müssen Hunderte Blüten gezupft werden. Wer geübt ist, schafft am Tag zwischen 60 und 80 Gramm. Je nach Qualität und Herkunft kostet ein Kilo Safran zwischen 3000 und 7000 Euro, auch mal mehr. Erst muss der Safran trocknen und danach reifen, mindestens ein Jahr, frisch geerntet schmeckt er noch nicht – das Aroma braucht diese Zeit, um sich zu entfalten.

Seit 1993 wird rund um den Ort wieder mehr Safran angebaut dank einer neu gegründeten Vereinigung, und 2005 bekam der Safran aus San Gimignano als erster europäischer Safran das Herkunftsprädikat DOP *(Denominazione d'Origine Protetta)*. Doch auch wenn das mediterrane Klima hier ideal ist, rechnet sich der Anbau kaum. Um die 90 Prozent des weltweit verkauften Safrans kommen aus dem Iran, wo billiger produziert werden kann.

Rotes Gold mit langer Tradition

Zwei Kilometer von San Gimignano entfernt liegt der Agriturismo Casanova di Pescille. Auf dem idyllischen Landgut von Roberto Fanciullini wird Safran angebaut und am Ende zu reinem feinen Pulver verarbeitet. Hier können Gäste regionalen Safran direkt vom Erzeuger genießen. Safran schmeckt anders, als er riecht, ist auf der Zunge würzig und leicht bitter, und beim Kochen färben Pulver und Fäden das Essen gelblich. Es entstehen feine Aromen, die für zahlreiche italienische Gerichte genutzt werden, etwa für das Fladenbrot *Schiacciata*. Außerdem wird Safran zum Aromatisieren und Färben von Desserts und Eiscreme verwendet. Da kommt Sergio Dondoli ins Spiel. Wer Safraneis probieren will, der muss zum Weltmeister und seiner Gelateria Dondoli an der zentralen Piazza della Cisterna in San Gimignanos Altstadt. Seine Kreationen sind köstlich und wahrlich Kunst, ob das Safraneis mit Pinienkernen oder die Crema di Santa Fina, sein Safran-Sahneeis. Seit Sergio Dondoli 2011 Eisweltmeister wurde, stehen die Menschen auf dem Platz Schlange.

INFO

RUND UMS SCHLEMMEN

Eisgeheimnisse in zweistündigen Workshops bei Dondoli Gelato mit dem Chef höchstselbst, auch Kinder dürfen die hohe Kunst des perfekten *Gelato* lernen: Sergio Dondoli bereitet mit Gruppen je eine Milcheis- und eine Fruchteiskreation zu, die dann alle vergnüglich verspeisen.

In der Küche der Familie Del Zoppo-Tancredi im Ristorante Dulcisinfundo regieren Liebe und Leidenschaft für beste toskanische Gerichte, bei denen auch der Safran eine Rolle spielt. Das Restaurant ist wunderschön gelegen, mit mittelalterlichem Flair und einem sagenhaften Blick auf San Gimignano.

WEITERE INFORMATIONEN

Dondoli Gelato, Piazza della Cisterna, 53037 San Gimignano, dondoligelatoclass.com
Ristorante Dulcisinfundo, Vicolo degli Innocenti 21, 53037 San Gimignano, dulcisinfundo.net
Agriturismo Casanova di Pescille, casanovadipescille.com
Agriturismo Il Vecchio Maneggio, ilvecchiomaneggio.com

↖ Seit mehr als 900 Jahren wird in der Umgebung von San Gimignano Safran angebaut.
↑ Bei Sergio Dondoli wird das beste *Gelato* von San Gimignano immer frisch hergestellt.

26

CHIANTI – AUF WEINTOUR

IM LAND DER RUBINROTEN WUNDER

Eine Tour durch die Weinanbaugebiete des Chianti, die sich von Florenz bis nach Siena ziehen, ist eine Reise durch eine eigene kleine Welt: tolle Landschaften, so weit das Auge reicht, hervorragende Restaurants und weltberühmte rubinrote Tropfen von Weingütern, die auch architektonisch wahre Highlights sind.

Im Chianti wird schon seit dem 11. Jahrhundert Wein angebaut. Zunächst waren es Klöster, die den Weinbau vorantrieben, dann nahmen wohlhabende Familien die größer gewordene Nachfrage auf und ließen auf eigenen Landsitzen Wein produzieren. Das wurde zum Trend, auf den in den 1960er- und 1970er-Jahren auch immer mehr auswärtige Weinliebhaber aufsprangen – aus anderen italienischen Städten, aber auch aus Deutschland und der Schweiz. Die Konkurrenz spornte alle Winzer zu Höchstleistungen an, und so entstand auf über 7100 Hektar Fläche eines der größten Weinbaugebiete Italiens.

Die Erfolgsgeschichte ganz großer Weine aus der Chianti-Region muss man mit dem alten Weinadel, den Antinori, beginnen. Ihre Weingüter befinden sich bereits in der 26. Generation in Familienbesitz, und um diesen Erfolg zu krönen, haben sie sich in San Casciano eine moderne Kathedrale des Weins bauen lassen: ein Weingut, das seit 2012 gleichzeitig als Produktions-, Lagerstätte und Firmensitz dient, aber auch mit einer Weinbar und einem Restaurant Besucher empfängt. Absolut überraschend ist die ungewöhnliche Architektur – entworfen von dem Büro Archea Associati aus Florenz –, die sich mit sehr viel Holz, Glas und Stahlelementen mit rostiger Patina elegant in die Landschaft einfügt. Verwendet wurden ausschließlich Materialien aus der Region, aus Respekt vor der schönen Umgebung.

← Früher hat man in der Toskana riesige Kathedralen für die Menschen gebaut, heute werden Kathedralen für Weinfässer errichtet.

Eine Wein-Revolution

Ebenso einzigartig ist die Weinkultur der Familie, aus der unter dem Marchese Piero Antinori in den 1970er-Jahren die »Supertoskaner« hervorging: Er verzichtete auf den Anteil weißer Rebsorten und ergänzte dafür mit internationalen bordeauxtypischen Rebsorten wie Cabernet Sauvignon und Cabernet Franc. Gelagert wird der Wein in kleinen französischen Eichenfässern, was ebenfalls gegen jede Tradition verstieß. So entstand eine erstklassige Qualität toskanischer Rotweine, die alles bis dahin Dagewesene revolutionierte und auch im Ausland für Aufsehen sorgte. Viele große »Toskaner« im Chianti-Gebiet folgten, die meisten bis Mitte der 1980er-Jahre: der Sangiovese Fontalloro von der Fattoria di Fèlsina in Castelnuovo Berardenga, der Sangiovese Flaccianello von Fontodi in Panzano oder der Sangiovese Le Pergole Torte von Montevertine in Radda.

Unweit vom Antinori-Imperium liegt Greve, der Hauptort des nördlichen Chianti-Gebiets. Das Dorf, schon seit Jahrhunderten ein bedeutendes Weinzentrum, ist eingebettet in eine Bilderbuch-Hügellandschaft und hat zahlreiche gute Restaurants und Enotecas. Der Hauptplatz mit seinen alten

← Giorgio Rocco von der Kellerei San Fabiano Calcinaia hebt ein Glas Chianti.
↙ Das Castello di Fonterutoli der Familie Mazzei ist ein Traditionsweingut im Chianti.
↘ In dem Weintresor von James B. Sherwood im Weingut Campanelle lagern edle Tropfen.

Lauben und schönen Geschäften ist sehr einladend, und jeden Samstag wird von alters her Markt abgehalten.

Auch Castellina ist bezaubernd, beschützt von einer Festung liegt es auf 580 Metern Höhe. In seinem historischen Zentrum sind einige elegante Renaissance-Paläste zu bestaunen. Gleich merkt man, dass auch hier Wein die erste Geige spielt, große Weinsilos stehen am Ortseingang, und in den Straßen und Gassen reiht sich eine Weinhandlung an die nächste. Ein wunderschönes Weingut, in dem man auch wohnen kann, ist das Castello di Fonterutoli, seit Generationen geführt von der Familie Mazzei. Lapo Mazzei war lange Jahre Präsident des Chianti Classico, das Familienoberhaupt der Weindynastie starb 1996 im Alter von 94 Jahren.

Auch die Fattoria Nittardi in Castellina ist eine gute Adresse für hochwertige Weine mit von Künstlern gestalteten Etiketten, was ihre Flaschen zu begehrten Sammlerobjekten macht. Ebenfalls hervorragende Rotweine produziert das schön gelegene Weingut Montevertine der Familie Manetti in Radda.

Fort Knox der Weingüter

Ganz anders, fast unwirklich und wie für einen James-Bond-Film erdacht, wirkt der moderne Weintresor auf dem Weingut Capannelle in Gaiole, ebenfalls im zentralen Chianti-Gebiet gelegen. Sein Besitzer ist der Amerikaner James B. Sherwood, der seinen Reichtum mit Überseecontainern verdiente und den Orient-Express wiederbelebte. Zwischen den Wänden seines gigantischen Tresors aus meterdickem Stahl lagern wertvollste Weine. Sherwood, der das 20 Hektar große Luxus-Weingut seit 1997 besitzt, hat Spaß an teuren Spielereien. So lagern im ersten Weintresor der Welt Weine von Kunden, die eine Art »Who's who« weltweiter Spitzenrestaurants und Hotels sind. Auch Filmdiva Sophia Loren lässt hier kostbare Tropfen hüten.

In Capannelle werden Rotweine nur in kleinen Mengen produziert, die erst nach fünf bis sechs Jahren Lagerung in den Handel kommen – von vornherein dafür bestimmt, besonders wertvoll zu sein. Sherwoods Chianti Classico Riserva gilt als hervorragend, einer der Prestigeweine des Weinguts heißt 50 & 50 und ist das Ergebnis eines Gemeinschaftsprojekts zwischen den Gütern Capannelle und Avignonesi in Montepulciano. Auf dem Gut kann man in Luxus schwelgen, herrlich wohnen, sich von Privatköchen bekochen lassen und am Pool erholen, der natürlich einen superben Blick in die toskanischen Weinberge bietet.

Der schwarze Hahn, Gallo Nero, ist die Schutzmarke des Chianti Classico und bürgt für Qualität. Der einfache Chianti Classico darf sich nur so nennen, wenn er zu 80 Prozent aus Sangiovese-Trauben besteht. Etwas edler wird der Wein, wenn er 18 bis 24 Monate in Eichenfässern herangereift ist – dann handelt es sich um einen Riserva.

JEDE SÜNDE WERT

Die Feinkost-Metzgerei Antica Macelleria Falorni in Greve ist bekannt für ihre hausgemachte Spezialität, Schweinesalami mit Fenchelsamen *(finocchiona briciolana)*, und Chianti-Wein. Die Familie Bencistà Falorni betreibt auch die Enoteca Falorni, die als beste Kellerei der Stadt gilt.

Köstliche Küche, gute Weine, uriges Ambiente und faire Preise erwarten Gäste in der Osteria Le Panzanelle in Radda. Was will man mehr?

Immer am Vorabend von Maria Himmelfahrt *(Ferragosta)*, am 14. August, lädt der auf einem Hügel gelegene Ort Panzano zum Haselnuss-Festival. Auf den Straßen Panzanos kann man viele Spezialitäten mit Nüssen und den Wein aus der Chianti-Region probieren.

Schön gebettet sind Gäste in der Villa Le Barone in Panzano, einem charmanten kleinen, wenn auch nicht günstigen Hotel mit großem Garten, Pool und sehr guter toskanischer Küche.

WEITERE INFORMATIONEN

Enoteca Falorni, Piazza delle Cantine 6, 50022 Greve in Chianti, falorni.it
Osteria Le Panzanelle, Loc. Lucarelli 29, 53017 Radda, lepanzanelle.it
Villa Le Barone, Loc. San Leolino 19, 50022 Panzano, villalebarone.com

Caponata mit Burrata in der Osteria Le Panzanelle in Radda in Chianti

27

CHIANTI – WEINGUT CASTELLO DI AMA

KUNST UND WEIN

Das Weingut Castello di Ama inmitten von Weinbergen in der Nähe von Lecchi im südlichen Chianti ist sicherlich eines der ungewöhnlichsten Anwesen der Toskana. Hier werden nicht nur exquisite Weine gekeltert, sondern das gesamte Weingut überrascht mit großer Kunst unter freiem Himmel und selbst im Keller.

Alles, was hier zwischen Himmel und Erde entstanden ist, ist der Leidenschaft einer jungen Römerin zu verdanken. Lorenza Sebasti lernte diesen Ort zwischen Weinbergen und Olivenhainen mit 15 Jahren bei einer Geburtstagsfeier kennen und war fortan von seiner Magie gefangen. Ihr Vater hatte das Anwesen mit einigen befreundeten Familien in den 1970er-Jahren gekauft, Lorenza kehrte immer wieder zurück, und nach ihrem Wirtschaftsstudium blieb sie für immer – der Anfang einer unglaublichen Winzergeschichte.

Als der bekannte Önologe und gebürtige Florentiner Marco Pallanti auf das Gut geholt wurde, war Lorenza motiviert, ihre Weinkenntnisse ständig zu erweitern. Beide forschten über Rebsorten und die optimale Pflanzung von Reben. Pallanti steuerte Wissen aus seinem Studium der Kellerwirtschaft in Bordeaux bei, andere Techniken, eine neue Art, Wein zu machen – und er heiratete die Tochter des Hauses. Das Winzerpaar brachte eine Qualitätsoffensive ins Rollen und kreierte Weine, die vier, fünf Jahre reifen müssen und selbst Kenner überzeugten. Auch das heruntergekommene Weingut verwandelten sie im Laufe der Jahre zu einem prachtvollen Anwesen.

2003 wurden sie von der Redaktion des italienischen Wein-Standardwerks »Gambero Rosso« zum »Winzer des Jahres« gewählt, 2005 folgte der Titel »Schönstes Anwesen des Jahres«, und bis heute kamen viele Auszeichnungen für die Weine dazu. Nach dem Vorbild großer französischer Weine wurde auf Castello di Ama der erste Grand Cru des Chianti Classico geboren, der Vigneto Bellavista.

Überraschender Kunstgenuss

Das Winzerpaar gründete Ende der 1990er-Jahre auf dem Gelände eine große Kunstsammlung. Für ihr Projekt L'Arte Contemporanea beauftragten Lorenza Sebasti und Marco Pallanti 14 renommierte zeitgenössische Künstler wie Chen Zhen, Anish Kapoor, Kendell Geers oder Daniel Buren. Die Garten-Installation des französischen Bildhauers Buren mit riesigen Spiegelwänden, die die Hügellandschaft reflektieren und die Schönheit des Anwesens unendlich zu vervielfachen scheinen, ist besonders beeindruckend. Doch auch der Besuch im Weinkeller bleibt unvergessen: Die beleuchtete Deckendekoration aus organischen Glasformen des chinesisch-französischen Installationskünstlers Chen Zhen überrascht – in so einem Licht hat man Weinfässer vorher sicherlich noch nie betrachtet.

INFO

KUNST UND GENUSS

Führungen durch die Kunstsammlung müssen im Voraus gebucht werden. Gäste, die in dem Boutiquehotel des Anwesens wohnen, werden sogar durch den Skulpturenpark geführt. Das Hotel selbst steckt voller Kunstwerke und Antiquitäten, die sehr stilvoll mit modernen Möbeln kombiniert werden. Außerdem gibt es ein ausgezeichnetes Restaurant in Castello di Ama, in dem natürlich die Weine des Weinguts auf den Tisch kommen.

Der Skulpturenpark, Parco Sculture del Chianti, etwa elf Kilometer südwestlich von Gaiole entfernt, eignet sich auch als Ziel für den Familienausflug. In einem großen Waldgebiet sind zeitgenössische Exponate von Künstlern aus 24 Ländern zu entdecken, die speziell für diesen Park geschaffen wurden. Das Glaslabyrinth von Jeff Saward macht besonders Kindern viel Spaß.

WEITERE INFORMATIONEN

Castello di Ama, Strada Provinciale Traversa del Chianti, 53013 Gaiole in Chianti, castellodiama.com
Parco Sculture del Chianti, chiantisculpturepark.it

↖ Lorenza Sebasti und Marco Pallanti vor der verspiegelten Wand von Daniel Buren
↑ »La Lumière intérieure du corps humain« nennt sich die Installation von Chen Zhen.

TOP-FESTE IN DER TOSKANA

Wie reich an Kultur die Toskana ist, kann man in einem Leben kaum herausfinden. Die Liste der Festivitäten besonders im Sommer ist lang. Farbenfroh sind sie, Musik liegt in der Luft, Umzüge sind beliebt, und immer spielen kulinarische Freuden eine Rolle. Und weil man die Menschen am besten versteht, wenn man zusammen feiert – nichts wie hin!

FRÜHLING

FACKELZUG DER TORCIATA DI SAN GIUSEPPE

Wenn die Frühlingsgefühle in der Toskana erwachen, wird das bei Pitigliano vom 15. bis 19. März folkloristisch gefeiert. Zur uralten Tradition gehören ein stimmungsvoller Fackelzug durch die Hohlwege der Etrusker, die *Vie cave*, und ein großes Freudenfeuer im Ort.

MAGGIO MUSICALE FIORENTINO

Das älteste Kulturfestival Italiens – begründet 1933 – bietet Theater, Klassische Musik, Jazz, Oper und Ballett auf Weltklasseniveau. Von April bis Juni laden das Teatro del Maggio Musicale Fiorentino und viele Orte quer durch Florenz zu höchstem Kulturgenuss.

SOMMER

PALIO DI SIENA

Zweimal im Jahr, am 2. Juli und am 16. August, geht es in Siena rund. Bei dem wohl ungewöhnlichsten Pferderennen der Welt auf dem wichtigsten Platz der Stadt messen sich vor dichtgedrängtem Publikum Jockeys auf ungesattelten Pferden auf einer 300 Meter langen Ringstrecke. Sie muss in wenigen Minuten dreimal umrundet werden. Wer die anderen auf der nur 7,5 Meter breiten Bahn am besten abdrängt, geht als Sieger hervor und trägt stolz das jährlich neu gestaltete Banner, den *Palio*, durch die Straßen.

BRÜCKENSPIEL IN PISA

Beim Gioco del Ponte am letzten Sonntag im Juni wird rund um die Brücke Ponte di Mezzo ausgelassen gefeiert. Davor treten bei dem Spektakel zwei Teams in mittelalterlichen Kostümen auf der Brücke gegeneinander zum Wettkampf an.

LUCCA SUMMER FESTIVAL

Mitten auf dem wunderschönen Platz in der Innenstadt von Lucca, der Piazza Napoleone, tritt auf, wer im Rock- und Popgeschäft Rang und Namen hat. Gute vier Wochen lang im Juni und Juli singen hier internationale Stars.

VERSILIANA-FESTIVAL

Ebenfalls im Juli und August feiert die Versilia-Küste das längste Fest Europas. Beim Versiliana-Festival sorgen mehr als 100 Veranstaltungen und zahlreiche Künstler für Unterhaltung bis in die Nacht. Auf dem gut 20 Kilometer langen Küstenstreifen gibt es Ausstellungen, Opern- und Theateraufführungen.

PUCCINI-FESTIVAL

Dem Maestro wird jedes Jahr im Juli und August mit unterschiedlichen Opernaufführungen gehuldigt. Musikliebhaber, die zum Puccini-Festival nach Torre del Lago vor den Toren Luccas wollen, müssen sehr schnell sein, die Tickets sind schon Monate vorher ausverkauft.

HERBST

NOSTALGISCHES RADRENNEN

Jeden ersten Sonntag im Oktober treffen sich Radnostalgiker auf Schotterpisten zu dem traditionellen Radrennen Eroica. Start- und Zielpunkt ist das Städtchen Gaiole in Chianti, die Strecken sind zwischen 45 und 209 Kilometer lang. Moderne Mountainbikes, E-Bikes oder Rennräder sind übrigens nicht erlaubt, nur alte Rennräder aus Stahl, die vor 1987 hergestellt wurden dürfen auf die Strecke.

TRÜFFELMESSE IN SAN MINIATO

Jedes Jahr an den letzten drei Novemberwochenenden kommen Trüffelfans, um sich mit den göttlichen weißen Trüffeln einzudecken.

TRAUBENFEST AUF ELBA

Bei der alljährlichen Festa dell'Uva Anfang Oktober feiert das Festungsörtchen Capoliveri Erntedank und huldigt der antiken Weinlese und den bäuerlichen Traditionen.

WINTER

CARNEVALE DE FOIANO

Das von den Etruskern gegründete Foiano della Chiana bei Arezzo ist eine der Karnevalshochburgen Italiens. Der bunte Kostümumzug, der älteste Italiens, mit riesigen skurrilen Verkleidungen und maskierten Tanzgruppen findet am 31. Januar und an allen Februarwochenenden statt.

28

SIENA – GOTISCHES FREILICHTMUSEUM

DER GÖTTLICHE

Den Mittelpunkt der gotischen Bauwerke Sienas bildet unbestritten der Dom Santa Maria Assunta, der prachtvoll gen Himmel strebt. Man könnte mehrere Tage zubringen, um die Unfassbarkeit seiner künstlerischen Perfektion zu erkunden. Damit passt er bestens in eine Stadt, die viele für die schönste der Toskana halten.

Wer am Dom die Säule mit der säugenden Wölfin und den Kindern Romulus und Remus entdeckt, mag kurz grübeln – gehört die Sage nicht nach Rom? Die Erklärung ist einfach, der Legende nach hat ein Sohn von Remus Siena gegründet, und somit ist die Wölfin auch ihr Wahrzeichen. Den immer noch strahlenden Glanz der Stadt kann man nur begeistert betrachten – wohl wissend, dass auch der Dom Ergebnis eines ständigen Machtwettbewerbs jener Zeit ist, in der Kirchenvertreter, Adelige und Bürger die besten Künstler und Baumeister für diese Wunderwerke engagierten. Der Dom wurde im 12. Jahrhundert begonnen, als die Stadt neben Florenz wichtigster Handelsort der Toskana war. Die Domfassade mit ihrer bronzenen Sonne über dem Portal, in weißem, rotem und grünem Marmor gestaltet, wirkt trotz ihrer Größe filigran. Der Campanile beeindruckt mit seinem schwarz-weißen Streifenlook.

Schöner Größenwahn

Die Marmorstreifen setzen sich im Innern des Doms fort, die markanten Bögen und Arkaden des dreischiffigen Baus lenken den Blick nach oben in das blau bemalte Decken- und Kuppelgewölbe mit seinen goldenen Sternen. Ein guter Grund, die Augen wieder zu senken, ist der ebenfalls einzigartige Mosaikfußboden, von dem, um ihn zu schützen, große Teile abgedeckt sind. Nur wenige Wochen im Jahr kann man die ganze Pracht sehen. 40 Künstler haben 200 Jahre bis zum 16. Jahrhundert daran gearbeitet, unfassbare akkurate Einlegearbeiten, biblische Themen, ungeschönt und detailreich dargestellt – besonders schön sind die Szenen aus dem Alten Testament unter der Kuppel. Auch die auf neun Säulen stehende achteckige Kanzel aus Carrara-Marmor ist bemerkenswert oder die Galerie der Päpste mit 172 Büsten. Im nördlichen Seitenschiff beeindruckt die Bibliothek von Piccolomini mit ihren Fresken.

Kaum zu glauben, dass dieser Dom, gerade fertiggestellt, schon nicht mehr groß genug schien. Die riesige unvollendete Fassade des Duomo Nuovo, die fast göttlich wirkt, wenn das Blau des Himmels durch die leeren Fensterlöcher der hellen Marmorfassade strahlt, zeugt von diesem Größenwahnsinn. 1339 wurde beschlossen, den Dom so zu erweitern, dass er den von Florenz und den Petersdom in Rom noch übertreffen sollte. Dann kam 1348 die Pest, die die Hälfte der Bevölkerung dahinraffte, gefolgt von einer Wirtschaftskrise. Finanzielle und bauliche Probleme machten den Traum einer überdimensionalen Kirche zunichte, 1357 wurde das Vorhaben aufgegeben.

← Der Duomo Santa Maria Assunta in Siena ist ein Bauwerk zwischen Romanik und Gotik.
↓ Ein Motiv aus dem sehenswerten Museumskomplex Santa Maria della Scala in Siena

INFO

TIEFE EINBLICKE
Die Führung *Porta del Cielo* (»Tor des Himmels«) gewährt nicht mehr als 18 Teilnehmern genauere Blicke auf das Äußere und das Innere des Doms. Ganzjährig gibt es mehrere Touren am Tag, die sich auch der überwältigenden Kuppelkonstruktion nähern.

Wer über ganz Siena mehr erfahren möchte, kann von April bis Oktober bei einer zweistündigen Tour die wichtigsten Sehenswürdigkeiten wahlweise mit Dom besichtigen. Treffpunkt ist die Touristeninfo.

Viele der Kunstwerke, die ursprünglich den Dom zierten, sind heute im überraschend spannenden Museo dell'Opera Metropolitana untergebracht.

WEITERE INFORMATIONEN
Karten und Infos zu den Dom-Führungen im Museumskomplex Santa Maria della Scala, Complesso Museale di Santa Maria della Scala, Piazza del Duomo 1, 53100 Siena: santamariadellascala.com
Stadtführungen: guidesiena.it
Museo dell'Opera Metropolitana, Piazza del Duomo 8, 53100 Siena, operaduomo.siena.it

29

SIENA – PIAZZA DEL CAMPO

WELTERBE MIT WILDER SEITE

Dieser einzigartige, leicht abschüssige Platz Sienas, der sich halbkreisförmig vor dem Palazzo Pubblico, dem Rathaus, öffnet, macht einen kurz sprachlos. Il Campo mit seinem herrlichen rötlichen Pflaster und Zugängen aus allen Himmelsrichtungen ist ein beliebter Treffpunkt, Zentrum des städtischen Lebens und Weltkulturerbe.

Die Einwohner lieben ihren muschelförmigen Platz, bei Sonnenschein sitzen die jungen Leute auf dem aufgewärmten Pflaster, die Cafés sind immer gut besucht, ideal, um den Abend einzuläuten. Der kunstvolle »Brunnen der Freude«, die Fonte Gaia mit dem Figurenschmuck aus weißem Carrara-Marmor, macht seinem Namen alle Ehre, auch weil seine unterirdischen Leitungen die Stadt seit jeher bei Trockenheit mit Wasser versorgen. Der Palazzo Pubblico mit dem gotischen Innenhof und den beeindruckenden Fresken, Ende des 13. Jahrhunderts am unteren Ende erbaut, zieht alle Blicke auf sich. Der etwas später entstandene dazugehörende Turm, Torre del Mangia, sollte die anderen bedeutenden Türme der Toskana überragen, tut er auch. Allerdings ist er mit 102 Metern exakt so hoch wie der Dom, um der Gleichstellung von weltlicher und kirchlicher Gewalt zu genügen. Die mehr als 400 Stufen des Torre zu erklimmen lohnt für einen unvergesslichen Ausblick auf Siena und Umgebung.

Ohne Sattel in die Kurve

Zweimal im Jahr, am 2. Juli und am 16. August, herrscht in der Stadt der absolute Ausnahmezustand. Seit dem Mittelalter messen sich auf dem Campo beim spektakulären Palio Reiter und Pferde auf einer 300 Meter langen Ringstrecke, die schnellstmöglich dreimal umrundet werden muss. Dabei treten vor dichtgedrängtem Publikum jeweils zehn der 17 *Contrade,* die Stadtbezirke, gegeneinander an. Sie heuern professionelle *Fantini* an, Jockeys, die das Rennen auf ungesattelten Pferden bestreiten. Wer die anderen auf der nur 7,5 Meter breiten Bahn am besten abdrängt, geht als Sieger hervor und trägt voller Stolz das jährlich neu gestaltete Banner, den *Palio.*

Man begreift schnell, warum die berüchtigte Kurve, die San-Martino-Biege, vor dem Rathaus mit Matratzen gepolstert ist. Beim Palio darf man nicht zimperlich sein, muss jedes Drängeln, Brüllen und Schwitzen seiner Nachbarn aushalten, um für wenige Minuten diesen Rausch zu erleben. Heiß begehrt sind die Innenplätze auf der Piazza, die anliegenden Cafés verkaufen teuer ihre Plätze schon ein Jahr im Voraus, und wer stehen will, sollte sich mindestens vier Stunden vor dem Start einreihen.

Nach dem Palio wird in den Straßen weitergefeiert. Bei einem Umzug zeigen sich Vertreter der *Contrade* in historischen Gewändern zusammen mit Fahnenschwingern und Musikgruppen, außerdem werden Pferde und Reiter gesegnet.

INFO

GAUMENFREUDEN

Die Taverna di San Giuseppe liegt im historischen Zentrum Sienas, 300 Meter von der Piazza del Campo entfernt, in einem original erhaltenen etruskischen Haus. Die vom Michelin-Guide gelobte, hervorragende traditionelle Küche kann man im gemütlichen Ambiente des alten Gewölbes genießen und dabei den Empfehlungen aus dem gut sortierten Weinkeller folgen.

In der Bar Pasticcerie Nannini lebt seit 1886 beste Kaffeetradition. Gut zu wissen, dass hier auch die Einheimischen hingehen. Sie schätzen die gute Lage in Campo-Nähe und das unwiderstehliche Gebäck wie knusprige *Cantuccini* mit Mandeln, weiche Kekse mit Anis, *Cavallucci*, oder der herbe *Panforte* mit Pfeffer und Haselnüssen.

WEITERE INFORMATIONEN

Taverna di San Giuseppe, Via Giovanni Dupré 132, 53100 Siena, tavernasangiuseppe.it
Bar Pasticcerie Nannini, Banchi di Sopra 24, 53100 Siena
Palio, ilpalio.org/palioenglish.htm

↑ An der höchsten Seite des Campo steht der Fonte Gaia, der »Brunnen der Freude«.
← Blick durch einen der Zugänge auf die Piazza del Campo mit dem Torre del Mangia

30

VIA FRANCIGENA – ALTE PILGERROUTE

VIELE WEGE FÜHREN NACH ROM

… und besonders schöne gehen durch die Toskana. Reisende können hier allein 400 Kilometer auf der geschichtsträchtigen Pilgerstrecke Via Francigena unterwegs sein. Der rund 1900 Kilometer lange, gut erschlossene alte Frankenweg ist bestens geeignet, um sich Zeit zu lassen für zahlreiche Schätze am Wegesrand.

Wer pilgern oder wandern möchte, braucht nicht das spanische Santiago de Compostela, um Erfüllung zu finden. Und wer nur wenig Zeit mitbringt, der kann auch mit dem Auto oder Fahrrad entlang der alten Route unterwegs sein. Die *Via Francigena,* die im englischen Canterbury startet, zieht sich über Frankreich und wichtige Orte wie Reims über den Großen St. Bernhard in der Schweiz, dann durch das Aostatal, die Toskana und schließlich bis nach Rom. Es ist dem Erzbischof von Canterbury, Sigeric (Erzbischof von 989 bis 994), und seinen Reisenotizen zu verdanken, dass wir den Frankenweg heute nachvollziehen können. Sigeric oder Sigerich, genannt »der Ernste«, verzeichnete auf seiner Glaubenstour 70 Orte in seinem Reisetagebuch, zu denen auch wunderschöne Stationen in der Toskana gehören. Die Route, auf der schon zahlreiche Kaiser unterwegs waren, führt über die Stadt Lucca, weiter über San Gimignano und Siena.

So ist die *Via Francigena* mit ihren weltberühmten Orten, Kathedralen und Klöstern kulturhistorisch von hoher Bedeutung. Ein mittelalterliches Juwel und sehr sehenswert ist der Ort Buonconvento, gut 30 Fahrminuten südlich von Siena, der sich an der *Via Francigena* erhebt. Das mittelalterliche Dorf, das von einer 1379 errichteten Ringmauer umgeben ist, gehört zu den schönsten Orten Italiens.

Imposante Abtei

Von da sollte man unbedingt einen Abstecher zur bedeutenden Abtei Monte Oliveto Maggiore machen. Das Kloster am Rande der Crete Senesi, gegründet im Jahr 1313 und über die Zeit zu einer riesigen Klosteranlage gewachsen, liegt einmalig, halb im Wald versteckt. Monte Oliveto Maggiore ist berühmt für seinen Kreuzgang mit den prächtigen Renaissance-Fresken der Maler Luca Signorelli und Giovanni Antonio Bazzi, ein Zyklus von mehr als 30 Fresken. Man betritt die Abtei durch ein mittelalterliches Festungsgebäude mit einem quadratischen Turm und einer Zugbrücke. Über dem Eingang wacht eine wunderschöne Madonna mit Kind aus glasierter Terrakotta. Auch das aufwendig verzierte Chorgestühl gilt als Meisterwerk.

Der Frankenstraße kann man natürlich noch weiter folgen, dazu geht es wieder über Buonconvento an den südlichen Rand der Toskana nach Bolsena in der Region Latium. Der Ort liegt am gleichnamigen See, dem Lago di Bolsena, einem großen Vulkansee, der bekannt ist für sein traumhaft sauberes Wasser.

INFO

ROLLEND DURCH DIE CRETE

Von der kleinen Ortschaft Buonconvento aus führt eine anspruchsvolle, knapp 80 Kilometer lange Radtour über Asphaltstraßen in die nähere Umgebung: Sie startet in Buonconvento, führt über die Abtei Monte Oliveto Maggiore und weiter nach Chiusure, von dort über San Giovanni d'Asso, Asciano, Monteroni d'Arbia, Lucignano d'Arbia und andere Dörfer. Die Tour verläuft quasi über die Höhenkämme der Crete bis in Höhenlagen von 1200 Metern. Am Ende erreicht man wieder Buonconvento. Eine leichtere Strecke von ungefähr 25 Kilometern Länge führt mitten ins Herz der Crete. Mit Start- und Zielpunkt in Asciano geht die Fahrt über unbefestigte Wege und asphaltierte Strecken, stattet Lauretana als Teil einer alten Handelsroute aus Zeiten der Etrusker einen Besuch ab und führt nach Montalceto, Chiusure und auf den Monte Maggiore.

WEITERE INFORMATIONEN

mezzadria.museibuonconvento.com
monteolivetomaggiore.it
via-francigena.com
visittuscany.com

↖ Im Herzen der Crete Senesi liegt die Abtei Monte Olivieto Maggiore mitten im Grünen.
↑ *Strade Bianche* nennt man die berühmten staubigen Schotterstraßen der Toskana.

Im Hintergrund zeichnen sich die Türme von Siena im Morgenlicht ab.

31

CRETE SENESI – HERBE HÜGELLANDSCHAFT

BILDERBUCHSCHÖNHEIT

Südlich von Siena liegt ein beinahe unwirtlicher Landstrich, die Crete Senesi. Er hat nichts mit den bekannten sanften und grünen Hügeln der übrigen Zentraltoskana gemein. Ausgedehnte Felder, verwitterte Gesteinsformationen und vor allem die sogenannte Accona-Wüste überraschen. Regentage sind hier selten.

Sehr trocken und regenarm – so zeigt sich die Natur in den Crete Senesi, und die bizarr wirkenden und eher kahlen Hügel, die *Biancane,* ähneln einer Mondlandschaft. Bloß nicht im heißen Sommer einplanen, im Frühjahr ist dieser Landstrich ein reizvolles Ziel für Wanderer und Radtouristen. Dann ist die karge Landschaft noch nicht verbrannt, sondern wie mit einem grünen Teppich überzogen. Der Herbst bietet ein herrliches Farb- und Lichtspiel, während sich der Winter von seiner rauen und kalten Seite präsentiert.

Der Begriff *Crete* steht für die Tonerde, die hier durch Verwitterung und Erosion aus dem ehemaligen Meeresboden die heutige Landschaft geformt hat. Das Auge kann sich nicht sattsehen an Sonnenblumenfeldern und Wiesen mit weidenden Schafherden, an schön gelegenen Bauernhöfen und Zypressenalleen. Ganz anders als in der übrigen Toskana, die eher von Weinbergen, Olivenhainen oder auch Laubwäldern geprägt ist.

Jede Menge Postkartenmotive

Es ist entspannend, in den Crete unterwegs zu sein, Verkehr gibt es nur wenig, und man kann nach Lust und Laune in kleinen mittelalterlichen Ortschaften wie Asciano, Buonconvento oder San Giovanni d'Asso haltmachen. Museen und Kunstgalerien mitten in schönster Umgebung locken Kulturinteressierte an. So lohnt in Asciano der Besuch der Basilica di Sant'Agata, der Kirche San Francesco und des Museo d'Arte Sacra, eine wahre Schatzkammer Sieneser Kunst. Das Museum im Palazzo Corboli verwahrt eine Sammlung sakraler Kunst und archäologische Funde aus den Gemeinden der Umgebung, die die etruskische Besiedlung des oberen Ombrone-Flusstals dokumentieren. Zu sehen sind zum Beispiel Grabbeigaben aus den Nekropolen der Gegend, die Rekonstruktion eines Grabes und seine Ausstattung mit Travertin- und Tuffsteinurnen sowie Spiegeln, Bronzegefäßen und Goldschmuck. Außerdem sind Werke sakraler Kunst großer sienesischer Künstler vom 14. bis zum 16. Jahrhundert ausgestellt.

Für Feinschmecker empfiehlt sich der Besuch im Trüffelmuseum von San Giovanni d'Asso, das Erste seiner Art. Urlauber können die kleinen Dörfer und ihre Umgebung auch gut mit der Vespa erkunden – und wer weniger an Kultur interessiert ist, erfreut sich einfach nur an der Landschaft. Im Herbst werden verschiedene Jagdtouren veranstaltet, denn die Crete Senesi sind ein beliebtes Wildschweinrevier.

← Im Frühjahr geben die Weizenfelder der Crete Senesi einen frischen grünen Anstrich.
↓ Walter Raedelli posiert im Gemüsegarten vor seinem beliebten Lokal in Bettolle.

INFO

EIN PARCOURS FÜR DIE SINNE

Alle Sinne werden angesprochen in den stimmungsvollen Kellern der Burg, wo sich das Museo del Tartufo befindet und wo Platz ist für einen Parcours von 250 Quadratmetern. Im Trüffelmuseum von San Giovanni d'Asso geht es um das Geheimnis der sagenumwobenen Knolle, die einst mit Hexerei und Erotik in Zusammenhang gebracht wurde.

Fein speisen westlich der Crete im Valdichiana – dieses Versprechen hält das Ristorante Walter Redaelli in Sinalunga. Das Restaurant ist Teil eines wunderschönen Anwesens und empfängt seine Gäste in Gewölberäumen mit Kamin und großen Fenstern mit Blick auf den Garten. Bei gutem Wetter wird unter der Pergola aus Weinreben gespeist.

WEITERE INFORMATIONEN

Museo del Tartufo, Piazza Antonio Gramsci 1,
53020 San Giovanni d'Asso
Ristorante Walter Redaelli, Via XXI Aprile 26,
53048 Bettolle-Sinalunga, ristoranteredaelli.it
Museo d'Arte Sacra, Corso G. Matteotti 122,
53041 Asciano, museo-palazzo-corboli.business.site

32

MONTALCINO – HOCHBURG DES BRUNELLO

KLEINER ORT, GROSSER WEIN

Der auf einem Hügel gelegene Ort Montalcino verdankt seine weltweite Berühmtheit vor allem seinem Wein, dem Brunello. Auffällig viele Weinbars und Enotecas säumen die Straßen der Stadt, die umgeben ist von Weinbergen, so weit das Auge reicht. Doch auch geschichtlich ist Montalcino aufgrund seiner Lage interessant.

Noch heute beeindruckt die Festung Rocca di Montalcino, die 1361 errichtet wurde und im Mittelalter uneinnehmbar war. Ebenso Teile der alten Stadtmauer aus dem 13. Jahrhundert sind gut erhalten. Sie trotzte einst mit 19 Türmen und sechs Stadttoren zahlreichen Belagerungen. Die Lage auf 564 Metern Höhe zwischen den Tälern der Flüsse Ombrone, Asso und Orcia ist im wahrsten Sinne herausgehoben. Auch wegen der alten *Via Cassia,* die am Fuße des Hügels verläuft und die Rom mit den nördlichen Regionen verbindet. All das machte Montalcino zu einem strategisch wertvollen Ort – nicht zuletzt für seine Feinde. So geriet die Stadt im 13. Jahrhundert in den großen Konkurrenzzwist der mächtigen Stadtstaaten Siena und Florenz. Seit der Schlacht bei Montaperti im Jahr 1260 gehörte Montalcino zur Republik Siena.

Im historischen Ortskern gibt es mehrere sehenswerte Gotteshäuser wie die Kirche Chiesa di Sant'Agostino und San Salvatore, den imposanten Dom, der ursprünglich im Jahr 1000 entstand und ab 1818 im neoklassizistischen Stil aufwendig restauriert wurde.

Sortenreiner Genuss

Die Trauben für den edlen Brunello gedeihen auf dem steinigen Boden der malerischen Region dank des milden Klimas hervorragend. Der kräftige vollmundige Rotwein, der wegen der tief dunklen Farbe seiner Beeren Brunello genannt wird, trug als erster italienischer Wein das DOCG-Siegel (der Ursprung ist kontrolliert und garantiert). Das zeichnet ihn als einen der besten Weine der Welt aus.

Produziert wird der Brunello in der Gegend von Montalcino aus der Sangiovese-Grosso-Traube, einem Klon der Sangiovese-Traube, die ursprünglich aus der Emilia-Romagna stammt. Ende des 19. Jahrhunderts hat Clemente Biondi Santi, der als Schöpfer des Brunello gilt, die Sangiovese-Traube sortenrein gekeltert, eine Art Revolution, weil bis dahin kein guter Tropfen aus nur einer Rebsorte bestand. Sein Neffe Ferruccio Biondi Santi veredelte die Rebsorte weiter. Der Brunello di Montalcino wurde 2006 zum besten Wein im weltweiten Ranking gekürt. Produzenten können deshalb problemlos pro Flasche einen Preis im dreistelligen Euro-Bereich erzielen. Das gilt inzwischen nicht mehr nur für Produkte aus dem Hause Biondi, sondern für viele der samtroten Tropfen der Region. Wer sich zu einer Weinprobe bei den Erzeugern aufmacht, kann also auf zweierlei gefasst sein: höchsten Genuss und saftige Preise.

INFO

ABSTECHER ZUM BRUNELLO

In einem Brunello steckt viel Arbeit, der Rotwein reift innerhalb der mehrjährigen Lagerzeit mindestens zwei Jahre im Holzfass, oft sechs Monate noch in der Flasche. Am Ende muss er wenigstens 12,5 Volumenprozent Alkohol enthalten, was im sonnigen Süden der Toskana allerdings kein Problem darstellt. Rund 200 Winzer produzieren den Brunello. Einige Empfehlungen:

Cantina di Montalcino, Loc. Val di Cava, 53024 Montalcino, cantinadimontalcino.it
Weingut und Agriturismo Il Cocco, SC della Villa a Tolli, 53024 Montalcino, ilcocco.it
Castello Banfi, 53024 Poggio alle Mura, banfi.it
Fattoria dei Barbi, Loc. Podernovi 170, 53024 Montalcino, fattoriadeibarbi.it
Castello Romitorio, Loc. Romitorio 279, 53024 Montalcino, castelloromitorio.com
Azienda Agricola Talenti, Loc. Pian di Conte, 53024 Sant'Angelo in Colle, talentimontalcino.it

WEITERE INFORMATIONEN

consorziobrunellodimontalcino.it

↑ Nicht weit von Montalcino liegt der Keller von Sandro Chia im Castello Romitorio.
← Der beste Blick auf Montalcino eröffnet sich von der um 1360 vollendeten Fortezza.

Direkt an der Via Francigena – die Abtei von Sant'Antimo mit ihren leuchtenden Fresken.

DER SÜDEN

Perlen der Renaissance, schöne Täler und berühmte Filmkulissen

33

SANT'ANTIMO – ANMUTIGE ABTEI

EIN TRAUM AUS TRAVERTIN

Die romanische Abbazia di Sant'Antimo wenige Kilometer südlich von Montalcino zieht Besucher sofort mit ihrer schlichten, aber ergreifenden Schönheit in den Bann. Selbst wer der Kunst- und Baugeschichte nicht zugetan ist, wird die unfassbar idyllische Lage der Kirche und die Landschaft zu schätzen wissen.

Nur zu gut kann man sich vorstellen, dass die im Mittelalter hier lebenden Benediktinermönche mit Freude ihre gregorianischen Choräle anstimmten. Heute wirkt auch die Stille bezaubernd. Der Legende nach soll Karl der Große das ursprüngliche Kloster 781 zu Ehren der Heiligen Antimus und Sebastian auf seinem Rückweg von Rom über die *Via Francigena* gegründet haben. Mit Gottes Hilfe glaubte er, die Pest zu stoppen, die auch in seinem Heer gewütet hatte. Die Abbazia wuchs schnell: Karls Nachfolger Ludwig der Fromme übertrug der kaiserlichen Abtei weitere Grundstücke und Privilegien.

Einige Jahrhunderte später beginnt der Abt Guidone 1118 mit dem Bau der Kirche. Inspiriert durch die Baukunst in Burgund und der Champagne, lässt er angesehene französische Künstler die einzigartige Kirche erbauen. Der imposante Chorumgang der Abtei erinnert an Cluny in Burgund und hebt sich von der zeitgleichen Architektur in der Toskana ab.

Zeitlos schlicht

Das aus Travertin geschaffene Kirchenschiff wirkt von außen auf den ersten Blick beinahe bescheiden. Doch bei genauerer Betrachtung sind kunstvolle Steinmetzarbeiten zu entdecken, die meist fantastische Tierwesen darstellen. Im Inneren sind vor allem die Säulen des Hauptschiffs und ihre mit Pflanzen oder wilden Tieren verzierten Kapitelle sehenswert. So ist auf dem Kapitell der zweiten Säule rechts Daniel in der Löwengrube dargestellt, ein beliebtes Motiv im christlichen Mittelalter, das die Macht des Glaubens gegen scheinbar übermächtige Gegner veranschaulicht.

Nach ihrer Gründung gewann die Abtei von Sant'Antimo bald an Einfluss, und die Äbte regierten das gesamte Gebiet von Montalcino bis hinein in die Maremma. Doch als das machthungrige Siena im 13. Jahrhundert Montalcino eroberte, wurde der Besitz des Klosters deutlich verkleinert, und es verlor seine Bedeutung – auch der Bau der Kirche konnte nicht vollendet werden. Erst Ende der 1970er-Jahre zieht wieder religiöses Leben in die alten Mauern ein. Eine kleine Ordensgemeinschaft französischer Augustinermönche ließ sich hier nieder und machte das Kloster wieder zu einem Treffpunkt vor allem für Jugendliche verschiedener Nationalitäten und Glaubensrichtungen. Dem Gesang der Mönche kann man übrigens bis heute lauschen, denn sieben Mal am Tag versammeln sie sich zum Stundengebet und zu Gottesdiensten, zu denen sie die gregorianischen Choräle anstimmen wie einst ihre benediktinischen Brüder.

← Der helle Travertin stammt aus dem Steinbruch von Castelnuovo dell'Abate.
↓ Eines der schönsten Bauwerke im romanischen Stil in der Toskana: Sant'Antimo

INFO

ZUR SCHÖNHEIT PILGERN

Die Abtei liegt von Montalcino rund elf Kilometer entfernt und ist in knapp drei Stunden zu Fuß erreichbar. Der Weg beginnt neben der Polizeistation am großen Kreisverkehr und führt vorbei an Weinbergen durch ein zauberhaftes Tal und vorwiegend bergab. Die Strecke verläuft kaum im Schatten – im Sommer also für ausreichend Sonnenschutz und Getränke sorgen! Zurück kann man dann den Bus nehmen, der viermal täglich fährt. Genauere Informationen und den Fahrplan hat die Touristeninformation unweit des Hauptplatzes in Montalcino.

Die ausgezeichnete Trattoria Il Leccio, zehn Kilometer östlich der Abtei in Sant'Angelo in Colle gelegen, bietet frische Küche mit köstlichen Tagesangeboten und dazu einen hauseigenen Brunello. Besonders empfehlenswert sind auch die Antipasti.

WEITERE INFORMATIONEN

antimo.it
montalcino.net
Trattoria Il Leccio, Via Costa Castellare 1,
53024 Sant'Angelo in Colle, trattoriailleccio.com

34

VAL D'ORCIA – DAS KÜNSTLERMEKKA

WENN DIE NATUR DEN PINSEL FÜHRT

Nur wenige Täler wirken so harmonisch wie das Val d'Orcia. Kein Wunder also, dass es zum UNESCO-Weltkulturerbe gehört. Die geschwungene Hügellandschaft gefiel nicht nur den Pilgern im Mittelalter, die auf der Via Francigena bis nach Rom unterwegs waren, sondern sie ist bis heute auch bei Künstlern beliebt.

Das Orcia-Tal fasziniert, eine Landschaft, die selbst aussieht, als hätte jemand den Pinsel in eine Palette mit zahlreichen Grün-, Gelb- und Brauntönen getaucht und in sanften Linien über die Leinwand geführt. Das Tal zieht Reisende magisch an, und viele professionelle Künstler, Hobbymaler und Fotografen fühlen sich hier sich selbst und der Natur ganz nah. Rund um Castiglione d'Orcia erstreckt sich der wunderbare Kunst-, Natur- und Kulturpark des Tals, der Parco Artistico, Naturale e Culturale della Val d'Orcia. Er soll das natürliche und künstlerische Erbe bewahren. Über zahlreiche Routen – es gibt aber auch schöne Autostrecken – kann man zu Fuß das malerische Gebiet erkunden. Spazieren gehen ist hier eine Wohltat, und wer künstlerisch ambitioniert ist, kann sich Mal- oder Zeichenequipment in den Rucksack packen, unterwegs irgendwo verweilen und einfach mal ein paar Versuche wagen; schönere Motive kann es kaum geben.

Die Dörfer des Val d'Orcia sind ebenfalls Postkartenmotive. Der bezaubernde Hauptort San Quirico d'Orcia war zu Zeiten der Pilgerströme ein beliebter Zwischenstopp, mehrere mittelalterliche Kirchen erinnern noch daran. Ein Prachtexemplar ist die romanische Stiftskirche Collegiata dei Santi Quirico e Giulitta aus Sandstein und einheimischem Travertin mit ihren drei Portalen und den Säulen des massiven Hauptportals, die von zwei steinernen Löwen getragen werden.

Die Natur als Lehrmeisterin

Mitten in San Quirico geben die Horti Leonini ein prächtiges Zeugnis des 16. Jahrhunderts. Seit 1971 sind die klassischen Gärten für die Skulpturenausstellung zeitgenössischer Bildhauerei Forme nel Verde (»Formen im Grünen«) freigegeben. Auch zahlreiche junge Künstler nehmen an dem internationalen Kunstereignis teil, das immer von Ende August bis in den November hinein stattfindet.

Wild, urtümlich und imposant dagegen wirkt die kantige Festung, die sich auf einem Kalkfelssporn erhebt und das Dorf Rocca d'Orcia dominiert. Der wuchtige Turm, die Rocca di Tentennano aus dem 12. Jahrhundert, ausgebaut im 13. Jahrhundert, ist schon aus der Ferne ein unglaubliches Motiv – egal bei welchem Wetter und welchen Lichtverhältnissen. Besichtigt man den Turm, was man unbedingt tun sollte, öffnet sich ein spektakulärer Blick auf das gesamte Val d'Orcia, ein gigantisches Natur-Kunstwerk für die Ewigkeit.

INFO

IDEEN FÜRS TAL

Koch-, Mal- und Gartenkurse oder die Traumhochzeit, all das gehört zum individuellen Angebot der von fünf Freundinnen geführten Agentur Verdidea in San Quirico d'Orcia.

Abwechslung bietet die Brauerei Birrificio San Quirico mit ihrem Craftbier. Das schicke kleine Unternehmen braut vor allem Weizenbiere.

Immer am dritten Sonntag im Oktober wird in Vivo d'Orcia eine alte Holzfällertradition wiederbelebt. Beim Palio del Boscaiolo treten zwei Teams im Baumstamm-Sägen gegeneinander an. Sie müssen daraus Tische und Bänke schneiden, an denen sie später zusammen speisen.

WEITERE INFORMATIONEN

parcodellavaldorcia.com
formenelverde.com
Agentur Verdidea, Podere Greppomagni 63, 53037 San Quirico d'Orcia, verdidea.com
Birrificio San Quirico, Via Dante Alighieri 93A, 53027 San Quirico d'Orcia, birrificiosanquirico.it

↑ Die Horti Leonini sind ein Beispiel für die klassische italienische Gartenbaukunst.
← Blick von der Rocca auf die Landschaft des Val d'Orcia, UNESCO-Welterbe seit 2004

35

BAGNO VIGNONI – NOSTALGISCHE BÄDER

DIE KRAFT DER HEILENDEN QUELLEN

»Wanderer, brauchen deine müden Knochen Erholung, komm nach Bagno Vignoni in der Provinz Siena« – so könnte ein passender Werbeslogan für diese wunderschöne Ecke der Toskana im Val d'Orcia lauten. Bagno Vignoni ist berühmt für seine heilsamen Quellen und seit 2004 Teil des UNESCO-Weltkulturerbes.

Das bicarbonathaltige, sehr schwefelreiche und um 50 Grad warme Thermalwasser dieser Quellen wirkt besonders wohltuend bei Haut-, Knochen- und Gelenkbeschwerden, ebenso bei Atemwegserkrankungen. Den nicht sehr angenehmen Geruch des Wassers müssen Badende in Kauf nehmen. Das antike rechteckige Thermalbecken liegt mitten im zauberhaften Ort Bagno Vignoni an der Piazza delle Sorgenti, dem »Platz der Quellen«. Es wird gesäumt von Cafés, Restaurants und alten Gebäuden. Hier sollen bereits Etrusker und Römer gebadet haben. Doch wer den bis heute unverändert schönen Ort besucht, darf an dieser Stelle nicht mehr schwimmen, sondern nur verweilen. Einige Hotels haben eigene Bäder. Unterhalb des Orts befindet sich ein Thermalbecken, das jeder kostenfrei nutzen kann. Der ziemlich steile Abstieg zu Fuß ist etwas beschwerlich, aber machbar und lohnenswert.

Bereits im Mittelalter waren die Thermalbäder bei Bagno Vignoni beliebt. Auch dank ihrer Nähe zur *Via Francigena,* einer der wichtigsten Durchgangsstraßen, die aus Nordeuropa in die italienische Hauptstadt führte, ein willkommener Stopp für christliche Pilger auf ihrem Weg nach Rom.

Kurgefühl am Mühlenkanal

Historisch wertvoll ist der Mühlenpark, der Parco dei Mulini, etwas außerhalb von Bagno Vignoni – selbst wenn nicht besonders viel Bausubstanz übrig geblieben ist. Die wieder ausgegrabenen antiken Ruinen erinnern an die Zeit, als noch einige Mühlen von dem Wasser der Thermalquellen bedient wurden. Das war für die damalige lokale Wirtschaft von großer Bedeutung, da den Mühlen auch während sommerlicher Trockenperioden genügend Wasser zur Verfügung stand. Eindrucksvoll erhalten sind die alten Mühlenkanäle. Über diese offenen und teilweise steilen Steinröhren wird das Thermalwasser den Abhang hinuntergeführt. Durch den Kalkstein, der sich am Boden absetzt, leuchtet das relativ trübe Nass in intensivem Türkis. Hin und wieder gibt es Badestellen, an denen sich die Besucher tummeln, obgleich dieses gesundheitsfördernde Wasser nicht ganz so warm ist wie in den Thermalbecken.

Die Dörfer des Val d'Orcia haben zum größten Teil ihre mittelalterlichen Straßenzüge und den urbanen Geist erhalten können und vermitteln bis heute ein Gefühl von kommunalem Stolz. Dazu gehören auch San Quirico d'Orcia oder der Ort Rocca d'Orcia mit seiner imposanten Burg, die man über eine von Zypressen gesäumte Allee erreicht.

INFO

VIELFÄLTIG VERWÖHNEN LASSEN

Die Osteria del Porcellum liegt direkt an der stimmungsvollen Piazza delle Sorgenti – hier werden bei Stefano und Marino klassische Gerichte aus der Toskana serviert. Wenn der Abend zu lang und der Wein zu lecker ist: Es gibt auch Zimmer in dem alten Gemäuer.

Eine exklusive Auszeit verheißt das dampfende Thermalwasser des Adler Spa Resort bei San Quirico d'Orcia. Eingebettet in die Hügellandschaft, bietet das Wellness-Hotel riesige Pools außen (das größte Thermalbecken der Region und nur für Hotelgäste zugänglich) und innen. Es hat einen großen Wellnessbereich und ein Restaurant mit regionalen Spezialitäten. Das Luxus-Resort organisiert kostenlose Rad- und Trekkingausflüge.

WEITERE INFORMATIONEN

Osteria del Porcellum, Piazza delle Sorgenti 6, 53027 Bagno Vignoni, osterialocandaporcellum.it
Adler Spa Resort Thermae, Strada di Bagno Vignoni 1, 53027 San Quirico d'Orcia, adler-resorts.com/de

↖ Das Becken an der Piazza delle Sorgenti ist mit schwefelhaltigem Wasser gefüllt.
↑ So sieht modernes Kuren im nur 300 Meter entfernten Adler Thermae Spa & Relax aus.

36

PIENZA – PÄPSTE, PLÄNE, PECORINO

JUWEL DER RENAISSANCE

Pius II. machte aus seinem Heimatort Pienza ein Vorzeigestädtchen der Renaissance. 1459 begann die Verwandlung des verschlafenen Nests, und innerhalb von nur drei Jahren verwirklichte der Papst seinen Traum von baulicher Schönheit. Doch auch der Genuss kommt hier nicht zu kurz: Pienza ist eine Pecorino-Hochburg.

Der Papst, mit bürgerlichem Namen Enea Silvio Piccolomini, war Sohn einer Familie, die aus Siena verbannt wurde und sich daraufhin in Pienza niederließ. Sie kaufte einige Teile des Örtchens auf, das ursprünglich Corsignano hieß. In Piccolominis Zeit als Papst von 1458 bis 1464 ließ er dann den gesamten Ort nach seinen Vorstellungen umgestalten. Dafür verpflichtete Pius II. einen der berühmtesten Architekten seiner Epoche, Bernardo Rossellino. Zentraler Platz in Pienza ist die nach dem Papst benannte Piazza Pio II. Hier stehen alle wichtigen Sehenswürdigkeiten; erstaunlich, dass diese bauliche Pracht wirklich in nur drei Jahren, zwischen 1459 und 1462, entstanden ist.

Stadt nach Plan

Im Zuge der Verwandlung wurde auch der Dom Santa Maria Assunta auf den Ruinen der alten Marienkirche aus dem 12. Jahrhundert fertiggestellt. Die Fassade der dreischiffigen, lichtdurchfluteten gotischen Kirche ist im Stil der Renaissance mit Travertin verkleidet. Im Inneren findet man das prächtige Marmortabernakel von Bernardo Rossellino mit einer Reliquie des Apostels Andreas, des Schutzpatrons von Pienza.

Der Palazzo Borgia, einst Wohnsitz des Kardinals Rodrigo Borgia und späteren Papstes Alexander VI., wirkt prunkvoll und wird noch getoppt vom Palazzo Piccolomini, seinerzeit als Residenz für Pius II. errichtet. Er gilt als Meisterwerk von Bernardo Rossellino. Die päpstlichen Gemächer und eine dreistöckige Loggia mit spektakulärem Ausblick auf das Orcia-Tal können besichtigt werden. Der fein gestaltete Travertinbrunnen vor dem Palazzo Piccolomini wurde später zum Vorbild für viele Brunnen der Toskana.
Mit dem plötzlichen Tod von Pius II. verarmte die Stadt, und erst Mitte des 20. Jahrhunderts erwacht wieder neues Leben in den alten Mauern, Pienzas Altstadt kommt zu Ehren als Idealstadt der Renaissance und wird 1996 von der UNESCO zum Weltkulturerbe erklärt.

Berühmte Filmkulisse

Die malerische Hügellandschaft, in der Zypressen lange Alleen säumen, wirkt vertraut, selbst wenn man noch nie dort war. Als epische Bilder haben sie sich dank berühmter Filme ins kollektive Gedächtnis gebrannt. So war Terrapille unterhalb von Pienza Drehort des Historienfilms »Der Gladiator« von Ridley Scott, der 2001 fünf Oscars erhielt.

← Der weiße Turm des Doms überragt die Stadt Pienza, rechts die Uhr am Palazzo Comunale.
↓ Die fantastischen *Crespelle con Zucchine e formaggio* aus der Trattoria da Fiorella

INFO

LAUTER LEGENDEN
Bauernhaus und Landgut des Agriturismo Le Moggiaglie sind im alten Stil renoviert und liegen auf einem Hügel gegenüber von Pienza, in Terrapille. Es gibt einen Panoramapool und dazu die perfekte Aussicht auf das Orcia-Tal.

Der Pecorino aus Pienza ist für seinen einmaligen Geschmack bekannt. Seit Jahrhunderten wird er aus Schafsmilch gewonnen. Der Käse, der in der Teigtasche, *Crespelle*, oder als Abschluss einer Mahlzeit mundet, schmeckt frisch süßlich und wird mit der Reifung intensiver. Immer am ersten Sonntag im September findet in Pienza die Fiera del Cacio e Pecorino statt.

Die Bar Il Casello beim Aussichtspunkt hinter der Piazza Pio II ist der perfekte Ort für einen Aperitivo zum Sonnenuntergang.

WEITERE INFORMATIONEN
Agriturismo Le Moggiaglie, Podere Terrapille 80, 53026 Pienza, terrapille.it
Bar Il Casello, Via del Casello 3, 53026 Pienza

Blick von San Quirico Dorcia auf die fruchtbaren Hügel des Val d'Orcia

37

MONTEPULCIANO – PERLE DER RENAISSANCE

WUNDERBARER VINO

Das steil am Hügel gelegene, bezaubernde Montepulciano ist eng mit dem Namen des noblen Weins verbunden. Und ein Gläschen Vino kann man sich auch als Belohnung gönnen, wenn man die 600 Meter hohe Kuppe erklommen und einige der zahlreichen Sehenswürdigkeiten dieser herausgeputzten alten Stadt besichtigt hat.

Der Blick von oben auf die Täler der südlichen Toskana und Umbriens ist spektakulär – so wie Montepulciano selbst. Eine beeindruckende Mauer mit Wehranlagen umgibt die historische Altstadt. Erwähnt wurde die Siedlung erstmals 715, im 15. und 16. Jahrhundert erlebte sie ihre Blütezeit. 1561 wird Montepulciano zum Bischofssitz ernannt und erhält das Stadtrecht. Alle Gassen führen zur großen eleganten Piazza Grande, Haupttreffpunkt der Stadt und eine Filmberühmtheit. Der Platz wurde u. a. bekannt durch die Verfilmung der »Twilight«-Vampirsaga von Stephenie Meyer, als hier eine Massenszene aus dem zweiten Teil »New Moon – Bis(s) zur Mittagsstunde« gedreht wurde. Auch in jüngerer Zeit diente der Platz als Kulisse, wiederholt war er in der Fernsehserie »Die Medici – Herrscher von Florenz« zu sehen.

Der Palazzo Comunale, im 14. Jahrhundert im gotischen Stil erbaut, wurde danach mehrfach umgestaltet, beherbergt aber bis heute das Rathaus. Von seinem Turm aus kann man bei klarem Wetter Pienza und sogar bis zu dem in der Ferne liegenden Siena sehen. Zahlreiche Renaissancepaläste und architektonische Prachtstücke wie das Haus der Weinfamilie Contucci, der Palazzo Nobili-Tarugi oder der Palazzo Bucelli mit seinen etruskischen und lateinischen Inschriften und Reliefs schmücken die Gassen. Der sehenswerte Dom aus dem 16. Jahrhundert enthält im Inneren wichtige Werke wie Taddeo di Bartolos monumentales Triptychon von 1401 über dem Hauptaltar, das die Himmelfahrt der Jungfrau Maria zeigt.

Nobler Wein in alten Gemäuern

Der nicht weit entfernte, in der Renaissance gebaute Palazzo Ricci ist aus anderen Gründen berühmt. Am Fuß seiner gewundenen Treppe liegt der wohl stimmungsvollste Weinkeller der Stadt. Zahlreiche Weinfässer sind unter den alten Gewölbemauern gestapelt und machen die urige Atmosphäre der Cantina de'Ricci aus. Wer hier den bekannten einheimischen Vino Nobile (neben dem Brunello und dem Chianti einer der drei großen Rotweine Italiens) oder ein anderes gutes Tröpfchen probiert, wird das Gewölbe kaum ohne eine Flasche der edlen Weine wieder verlassen.

Etwas unterhalb der Oberstadt steht vor den Toren Montepulcianos die Kirche Madonna di San Biagio. Das Ende des 16. Jahrhunderts erbaute Gotteshaus hat eine zentrale Kuppel und einen besonderen Glockenturm mit einer Pyramide als Spitze.

INFO

FÜR JEDEN GESCHMACK

Das Hotel Bellavista in den schönen Gemäuern der Altstadt Montepulcianos und fußläufig zu den Sehenswürdigkeiten macht seinem Namen alle Ehre. Von den meisten der zehn Doppelzimmern des B & B bietet sich ein herrlicher Ausblick auf die Landschaft.

Klein und urgemütlich ist das Ristorante Le Logge del Vignola. Unbedingt nach der Antipasti-Platte fragen und Pasta mit Trüffel in Erwägung ziehen.

Touren mit dem E-Bike ermöglichen die entspannte Entdeckung der Hügellandschaft rund um Montepulciano. Die Mietstation Urban Bikery hat eine App, über die man Routen aufs Smartphone laden kann.

WEITERE INFORMATIONEN

Cantina de'Ricci, Via Ricci 13,
53045 Montepulciano, cantinadericci.it
Hotel Bellavista, Via Ricci 25,
53045 Montepulciano, camerebellavista.it
Ristorante Le Logge del Vignola, Via delle Erbe 6,
53045 Montepulciano, leloggedelvignola.com
Urban Bikery, urbanbikery.it

↑ Bruschette, Pecorino und Crudo dürfen bei einem toskanischen Aperitivo nicht fehlen!
← Unterhalb des Weinorts Montepulciano steht der Tempel Madonna di San Biagio.

38

FRATERIA DI PADRE ELIGIO – KLOSTER MIT MISSION

KULINARISCHE ERLEUCHTUNG

Am südlichen Rand der Toskana gibt es einen ungewöhnlichen Ort. In einem alten Klostergebäude, der Frateria di Padre Eligio in Cetona, lernen Besucher viel über das Leben und über gutes Essen. Franz von Assisi würde dieser Ort, an dem einst eine Klostergemeinschaft nach seinem Vorbild lebte, vermutlich gefallen.

Über eine kleine Bergstraße gelangt man zu diesem verwunschenen Ort, der schon rund 800 Jahre im idyllischen Eichenwald steht. Dem heiligen Franz von Assisi würde dieser veränderte Ort, an dem einst eine Klostergemeinschaft nach seinem Vorbild lebte, vermutlich gefallen. Die Frateria di Padre Eligio ist eine Einrichtung von Mondo X, einer Organisation, die jungen Menschen mit Drogenproblemen wieder zurück ins Leben hilft. Aber sie ist auch ein Feinschmecker-Restaurant. Padre Eligio, ein weitgereister Geistlicher, hatte in den 1970er-Jahren dieses ziemlich heruntergekommene ausgewählt, um hier sein gottgefälliges Werk zu vollenden. Der gut vernetzte Padre und Gründer von Mondo X hatte schon an anderen Stellen Italiens Einrichtungen für Rauschgiftabhängige gegründet.

Die Frateria ist von bestechender Schönheit. Das ist allein dem Einsatz von mehr als 30 Hausbewohnern zu verdanken. Sie haben als Teil ihrer Therapie zusammen mit Freiwilligen viele Jahre in mühevoller Arbeit das Klostergebäude umgebaut – an einer großen Zisterne gewerkelt, ein altes Fresko freigelegt, einen Raum nach dem anderen bewohnbar gemacht und die Kirche mit Travertin ausgelegt. Alles ist selbst gemacht, selbst erlernt und erarbeitet.

Erlesene Genüsse, nur für Gäste

Nach dieser Philosophie arbeitet man auch in der Küche und im Restaurant. Täglich wird eine Speisekarte von Hand gestaltet. Serviert werden acht oder neun kleine Gänge, die aufs Schönste dekoriert sind mit Blüten und Kräutern aus dem eigenen Garten. Hier bemühen sich nicht etwa professionelle Kellner um die Gäste, sondern die jungen, aus der Bahn geworfenen Klosterbewohner. Diese Laien wirken auch in der Küche so gut mit, dass ihre kreativen toskanischen Gerichte namhafte Kritiker überzeugen und Restaurantführer voll des Lobes sind. Die Gerichte ändern sich mit den Jahreszeiten, der Fantasie des Küchenchefs Walter Tripoldi und den Früchten der Gärten. Es gibt Brot aus dem eigenen Holzofen, selbst gemachte Olivenpastete, Marmeladen und Wurstwaren, und das native Olivenöl extra wird aus eigenen Früchten mit der alten Steinmühle gepresst.

Die jungen Leute selbst haben nichts von ihrer Feinschmeckerküche, sie darben den Regeln des Klosters gemäß, auch Alkohol ist tabu, und das bei einem bestens sortierten Weinkeller; ihre Zimmer haben keinen Fernseher. Den gibt es auch nicht in den modern ausgestatteten Gästeräumen des Klosters – einem Ort, unberührt von Lärm und Eile.

← Im Klostergebäude der Frateria di Padre Eligio findet sich heute ein Gourmetlokal.
↓ Elena Falvo vom Weingut Avignonesi bei Montepulciano freut sich über die reiche Ernte.

INFO

GENUSSREICHE GEGEND

Einige der jungen »Gestrandeten« verlassen nach ihrer erfolgreichen Therapie die Frateria mit besten Referenzen und bekommen gute Jobs, zum Beispiel als Köche in renommierten Restaurants. Dienstags ist das Restaurant geschlossen, im Januar und Februar sind Betriebsferien. Eine vorherige Anmeldung ist unbedingt erforderlich.

Das Traditionsweingut Avignonesi, mit Leidenschaft geführt von der Belgierin Virginie Saverys, setzt auf biologische und biodynamische Landwirtschaft. Gastfreundschaft wird hier großgeschrieben, und so bekommt jeder Besucher und jede Besucherin das für ihn oder sie persönlich passende Rundum-Weinpaket: Führungen, Verkostungen, Menüs als Verwöhn-Event und Kochkurse. Rechtzeitig reservieren!

WEITERE INFORMATIONEN

Frateria di Padre Eligio, Convento di San Francesco, Via S. Francesco, 53040 Cetona, lafrateria.it
Traditionsweingut Avignonesi, Via Colonica 1, 53045 Montepulciano, avignonesi.it

Blaue Stunde im Hafen
von Porto Azzurro auf
der Insel Elba

DER WESTEN

Ruhmreiche Weine, alte Mauern und entspannte Inselparadiese

39

RUND UM BOLGHERI – GUT FÜR ENTDECKUNGEN

NEUE WEINKULTUR NAHE DER KÜSTE

Der südliche Teil der Maremma unweit der Küste war lange ein völlig unbeschriebenes Blatt in Sachen Wein. Dann wagten es Weinbaupioniere, auf den steinigen Bergen rund um Castagneto Carducci französische Rebsorten zu kultivieren – die Geburtsstunde großer Weine und architektonisch bemerkenswerter Kellereien.

Doch noch vor dem Lob des Weins muss es um die Schönheit der Gegend gehen, mit der beeindruckenden Viale dei Cipressi, einer fünf Kilometer langen, inzwischen stellenweise von einem Pilz geschwächten Zypressenallee, die bis ins historische Zentrum von Castagneto Carducci führt. So beeindruckend, dass der Dichter Giosuè Carducci diese Idylle in seinen Gedichten festhielt: »Hoch und aufrecht gehen die Zypressen in doppelter Reihe nach Bolgheri, wie riesige Jungen, fast rennend, eilen sie mir entgegen, um nach mir zu sehen.« 1906 erhielt er als erster Italiener den Literaturnobelpreis, und das schöne Städtchen Bolgheri mit seinem Bilderbuch-Kastell und der sehenswerten Chiesa dei Santi Giacomo e Cristoforo konnte sich mitgeehrt fühlen.

Der heutige Ruhm Bolgheris hängt vor allem mit den Supertoskanern, den großen Rotweinen, zusammen, die dank experimentierfreudiger Weinpioniere Ende der 1960er-Jahre dem italienischen Weinbau einen neuen Impuls gaben. Man beschloss, den italienischen Wein in französischen Eichenfässern zu lagern, und schuf so den sündteuren Sassicaia, der zum Symbol für die Supertuscans wurde.

Futuristische Keller

Unten im Val di Cornia im küstennahen Suvereto liegt das Weingut Petra von Vittorio Moretti. Das Gebäude, eine geneigte Backstein-Scheibe aus Stahl, Holz und Glas, ist in den Rebhügel gebaut und bietet Platz für drei übereinander liegende Tanks. So wandern Trauben, Most und Wein – der Schwerkraft folgend – bei jedem Verarbeitungsschritt ohne technische Hilfsmittel eine Stufe nach unten. Der Wein fließt in die darunterliegende Kammer. Diese Weinkathedrale entwarf der Schweizer Architekt Mario Botta, ebenso die futuristischen Weinkeller mit einem 70 Meter langen farbig beleuchteten Tunnel, der an einem illuminierten Gewölbekeller endet. Der Star aus dem Weinsortiment von Petra, der schlicht heißt wie das Weingut, ist eine Cuvée aus 70 Prozent Cabernet Sauvignon und 30 Prozent Merlot, in manchen Jahren kommt noch etwas Petit Verdot dazu.

Angelo Gaja produziert ein paar Kilometer weiter nordöstlich in Castagneto Carducci seit 1996 auf seinem futuristischen Weingut Ca' Marcanda elegante Tropfen, die gleichfalls ihren Preis haben. Jährlich liegt der Ertrag bei etwa 450 000 Flaschen. Die modernen Bordeauxverschnitte aus den Traubensorten Cabernet Sauvignon, Cabernet Franc, Merlot und ein wenig Syrah kosten ab 150 Euro aufwärts.

INFO

DIE RICHTIGE WAHL

Nicht in jedem der berühmten Weingüter im Reich der Supertuscans sind Besucher gleich willkommen – immerhin stören sie die Arbeitsabläufe. Antinori im Chianti sollte man sich wegen der besonderen Architektur zwar nicht entgehen lassen, aber den Wein besser woanders probieren und kaufen. Auch namhafte Weingüter nahe der Küste wie Tenuta San Guido oder Tenuta Ornellaia sind kaum zugänglich.

Daneben gibt es viele Weingüter, die sich über (probierfreudige) Besucher freuen, z. B. Le Macchiole, Terre del Marchesato in Bolgheri oder Michele Satta in Castagneto Carducci. Sie bieten unterschiedliche Weinguttouren und Verkostungen an.

WEITERE INFORMATIONEN

Società Agricola Petra, San Lorenzo Alto 131, 57028 Suvereto, petrawine.it
Ca' Marcanda, Santa Teresa 272, 57022 Castagneto Carducci, camarcanda.com
Osteria Magona, Strada Provinciale 16B Bolgherese, Località Vallone dei Messi 199, 57022 Bolgheri, osteriamagona.com

↑ Der Sassicaia von der Tenuta San Guido zählt zu den teuersten Tafelweinen Italiens.
← In der Supertuscans-Region von Suvereto liegt das Weingut Petra der Familie Moretti.

Die Piazza Garibaldi mit dem Palazzo Comunale und der Palazzina dei Conti di Biserno in Massa Marittima

40

MASSA MARITTIMA – HERRLICHER BALKON

ES LEBE DAS MITTELALTER!

In der sonst eher rauen Maremma sticht das stille Bergstädtchen Massa Marittima heraus. Die Ortschaft liegt auf gut 400 Metern Höhe, war im 10. Jahrhundert Bischofssitz – und nicht nur der bezaubernde Hauptplatz mit seinen sehenswerten historischen Bauwerken zeugt von bewegten Zeiten und einstigem Wohlstand.

Massa Marittima ist in drei Stadtbezirke aufgeteilt, Città Vecchia (Altstadt), Città Nuova (Neustadt) und Borgo (Vorstadt). Der mittelalterliche Bogen Arco Sienese markiert die Grenze zwischen Altstadt und Neustadt und verbindet den Wehrturm Torre del Candeliere mit der Sieneser Festung. Lange war Massa Marittima eine freie Kommune und wurde 1335 von der Sieneser Republik geschluckt – verdeutlicht an der Säule der säugenden Wölfin, dem Machtsymbol Sienas, auf der Piazza Garibaldi am Bischofspalast. Von der Antike an war der Mineralienabbau von großer Bedeutung, in den Hügeln wurden Kupfer, Zinn, Blei, Silber und Eisen abgebaut, eine wichtige Bezugsquelle für die gesamte Toskana bis zum 13. Jahrhundert. Zu dieser Blütezeit entstand die Unterstadt rund um den Dom.

Pittoresk und pikant

Die Cattedrale di San Cerbone ist dem Schutzpatron der Stadt, dem heiligen Cerbonius, geweiht und thront über der pittoresken Piazza Garibaldi. Auf den Stufen der steilen Treppe sitzen Menschen, die sich ausruhen, unterhalten oder einfach nur das Geschehen auf dem Platz beobachten. Der romanisch-gotische Dom beeindruckt mit seiner schönen Fassade und im dreischiffigen Innenraum mit dem Blau des Gewölbehimmels. Auch sollte man der freistehenden Jungfrau mit Kind von 1316 seine Aufmerksamkeit schenken, die Duccio di Buoninsegna zugeschrieben wird, ebenso dem Grab des heiligen Cerbonius aus dem Jahr 1324. Sein Sarkophag, verziert mit Flachreliefs, die Szenen seines Lebens zeigen, steht in der Krypta. Zwischen Kathedrale und dem Palazzo Pretorio befindet sich eine wunderschöne Terrasse mit Terrakottastatuen und einem unglaublichen Blick in die liebliche Umgebung.

Ebenfalls interessant ist der Palazzo Comunale, der aus zwei Turmhäusern zusammengefügt wurde. Mittig über der Eingangstür ist sowohl das Medici-Symbol (bestehend aus einem Schild mit fünf Kugeln und drei Lilien) als auch das Wappen der Stadt Siena mit der Wölfin zu erkennen. Zentrales Bauelement ist der ehemalige Gefängnisturm Torre del Bargello. An einem ehemaligen Kornspeicher nahe der Piazza Garibaldi versteckt sich eine leicht frivole Überraschung. Am Fonte dell'Abbondanza, dem »Brunnen des Überflusses«, einem stillgelegten Trinkbrunnen aus dem Jahr 1265, ist das Fresko Albero della Fecondità zu sehen. Zwischen Blättern dieses »Fruchtbarkeitsbaums« hängen zahlreiche Penisse herab, darunter stehen Frauen, sehr an den besonderen Früchten interessiert.

← Ein magischer Ort – die Piazza Garibaldi mit dem Dom San Cerbone in Massa Marittima
↓ Die Fonti dell'Abbondaza, die Quellen des Überflusses, huldigen der Fruchtbarkeit.

INFO

VON ROBIN HOOD BIS MARADONA

Immer am vierten Sonntag im Mai und am 14. August trägt Massa Marittima den historischen Armbrustwettbewerb Balestro del Girifalco aus, bei dem die drei Stadtbezirke, erkennbar an ihren Flaggen, gegeneinander antreten. Bevor die 24 Schützen starten, zieht ein farbenfroher Umzug mit mehr als 150 Teilnehmern in mittelalterlicher Kleidung durch die Stadt. Ein unvergessliches Spektakel!

Im Ristorante La Padellaccia Del Viggia gibt es die berühmten *Pici alla Maradona* in Erinnerung an den großen argentinischen Fußballer, der Neapel (SSC Napoli) mehrfach zum Meister gemacht hat. Die Spaghetti mit Semmelbröseln, Knoblauch und Chili schmecken hier besonders gut, aber auch sonst kommt typische Maremma-Küche auf den Tisch.

WEITERE INFORMATIONEN

turismomassamarittima.it
Il Balestro del Girifalco, societaterzierimassetani.it
La Padellaccia Del Viggia, Piazza Cavour 1, 58024 Massa Marittima, facebook.com/people/La-Padellaccia-del-Viggia

DER PERFEKTE TAG

Elbas Westen ist traumschön, falls es noch eine Steigerung gibt zu wunderschön, was für die ganze Insel gilt. Rund um Sant'Andrea genießt man dieses Naturparadies mit seinem kristallklaren Meer am besten. Also feste Schuhe an, Badesachen einpacken, und los geht's!

8 UHR – Ein guter Tag beginnt mit einem **entspannten Frühstück**, wie im **Hotel Cernia Isola Botanica** in Sant'Andrea, einem Gartenparadies, das auch zum Übernachten zu empfehlen ist. Es liegt etwa 600 Meter von der Küste entfernt.

9 UHR – Ein zweiter schneller **Kaffee** in der **Summer Bar in Sant'Andrea** direkt am Meer, weil's so schön ist und der Espresso so gut schmeckt

10 UHR – Erste **Wanderetappe an der Küste** entlang über den **Weg 150 von Sant'Andrea nach La Cala**, immer die Landschaft und das paradiesische Meeresschutzgebiet im Blick

11 UHR – Faule oder aktive **Pause** mit Chillen oder Schwimmen und Schnorcheln im kristallklaren Wasser der **Traumbucht von La Cala**

13 UHR – Weiter **Wandern** über den Weg 150 von **La Cala bis Marciana Marina** mit einem erneuten Badestopp an einem von Elbas anderen Superstränden, **La Fenicia**

14 UHR – **Schlemmerpause in Marciana Marina** auf der einladenden Terrasse der **Gelateria La Torre** mit ihren köstlichen Eissorten – dem beliebten *Pistacchio* und dem erfrischenden *al Limone* oder den unwiderstehlichen halbgefrorenen Granita-Sorten im Gläschen, dazu eine Brioche. Hier gibt es aber auch Sandwiches für alle, die eher eine herzhafte Kleinigkeit brauchen.

15 UHR – Hoch auf den **Berg**, zunächst im Bus ungefähr neun Kilometer bis Marciana. Weiter geht's mit der nostalgischen **Seilbahn** aus den 1960er-Jahren, der **Cabinovia**, in offenen korbähnlichen Kabinen hinauf auf die mit über 1000 Metern höchste Erhebung der Insel, den **Monte Capanne**.

17 UHR – Zurück in **Marciana**, empfiehlt sich ein Bummel durchs Städtchen mit Aperitivo in der **Elba Bar** und Fingerfood auf der schönen Piazza im **Bistro Sapori d'Arte**.

18 UHR – Halbstündige **Busfahrt nach Zanca** und zu Fuß hinunter nach **Sant'Andrea**

19 UHR – **Abendessen direkt am Wasser im Restaurant Il Gabbiano** mit herrlichem Blick über die Bucht von Sant'Andrea. Eine der Spezialitäten heißt *Cacciucco*, die typische regionale Fischsuppe, bei der vor lauter Fisch die Suppe kaum zu erkennen ist.

← Die Bucht von Sant'Andrea im Norden ist einer der schönsten Plätze auf Elba.
↖ Über den Wolken: Fotograf Udo Bernhart auf dem Gipfel des Monte Capanne
↑ Der herrliche Botanische Garten des Hotel Cernia – eine Insel auf der Insel
↗ Der Hafen von Marciana Marina mit der Torre degli Appiani ist gut geschützt.
↓ Granita alle Fragole – eine köstliche Erfrischung aus halbgefrorenen Erdbeeren

41

CASTIGLIONE DELLA PESCAIA – WILDER WESTEN

UNWIDERSTEHLICHE MAREMMA

Versteckte Sandstrände und bis heute gelebtes Cowboyfeeling – all das ist die wahrlich ursprüngliche Maremma, in der schon die Etrusker siedelten. Die Strände bei Castiglione della Pescaia sind ein Paradies, besonders für Familien. Nicht weit entfernt liegt das Naturschutzgebiet Parco Regionale della Maremma.

Die Maremma hat wirklich für jeden etwas zu bieten: Unendliche Pinienwälder laden zum Radfahren oder Wandern ein, es gibt weite Sandstrände, die man ganz für sich allein hat, und im Parco Regionale della Maremma stößt man immer wieder auf Überraschendes. Hier leben wilde Rinderherden, die von berittenen Viehhirten, den traditionellen *Butteri,* gehütet werden. Die *Butteri* und ihre Rinder gelten als Symbol für Freiheit und Abenteuer und gehören zum klassischen Erscheinungsbild der Maremma. Die weißen Tiere mit den geschwungenen Hörnern und dem gedrungenen Körperbau gelten als stark und widerstandsfähig. Einst waren sie Haustiere und wurden wegen ihrer Kraft als Arbeitstiere eingesetzt. Heute dürfen die Rinder in Ruhe in der »Serengeti der Toskana«, wie der Park auch genannt wird, umherstreifen. Die *Butteri* greifen nur ein, um Inzucht zu vermeiden. Wer das Glück hat, Rinder und Cowboys zu beobachten, fühlt sich wie in einem Wildwest-Film.

Herzhafte Spezialitäten

Auch die Fleischqualität dieser weißen Rinder ist wegen ihres hohen Nährwerts und des Aromas einzigartig. Das magere tiefrote Fleisch wird schmackhaft zubereitet als Schmorbraten. Eine zarte Spezialität ist die *Tagliata di vacca maremmana,* ein in feine Scheiben geschnittenes rosa gebratenes Rinderfilet. Fleisch wird in der Maremma gern und oft gegessen, kein Wunder, denn diese Naturlandschaft ist ein wahres Wildparadies, oft stehen Wildschwein- oder Damwildgerichte auf den Speisekarten. Wie gut, dass die passende Weinbegleitung gleich von nebenan kommt, da wäre zum Beispiel ein roter Chianti zu empfehlen.

Doch in der Maremma kann man auch die Leichtigkeit des Sommers genießen. So liegt versteckt zwischen dem Blau des Meeres und den grünen Hügeln des Hinterlands das Hafenstädtchen Castiglione della Pescaia. Die Ortschaft nördlich des Naturschutzgebiets gehört zu Grosseto, ist etwa zwei Autostunden von Rom entfernt und liegt ungefähr auf der Höhe der Insel Elba.

Sommerparadies für Familien

Castiglione della Pescaia hat eine zauberhafte Altstadt mit schmalen Gassen, netten Läden und einer mittelalterlichen Festung. Doch nicht nur das macht das Städtchen zu einem besonders attraktiven Urlaubsort für Familien, hier finden sie ein Badeparadies mit feinsandigen, sauberen Stränden, die flach ins Meer führen. Kinder können sich in Castiglione della Pescaia auch sonst willkommen fühlen, es gibt zahlreiche Spielplätze. Ein besonders beliebter in der Nähe der Strandpromenade verspricht kleine Abenteuer in einem

→ Von der pisanischen Rocca in Castiglione della Pescaia geht der Blick über die Maremma.

großen umgebauten Holzboot mit vielen Rutschbahnen und Kletternetzen. Wer dann immer noch keine gute Laune hat, sollte das unwiderstehliche Eis in der Gelateria Cremeria Corradini genießen. Nicht umsonst stehen hier Schleckermäuler jeden Alters freiwillig in der Schlange.

Ein Strand bei Castiglione ist schöner als der andere. Da wären die Pineta del Tombolo und die Spiaggа di Levante, die Spiagga di Ponente oder der zwei Kilometer lange Strand Punta Ala, echte Perlen und zumeist von Pinien gerahmt. Der Ort Castiglione della Pescaia hat sich seinen Charme als altes Fischerdorf weitgehend bewahrt. Im malerischen Hafenkanal legen immer noch jeden Tag die Fischerboote an und behaupten ihren Platz zwischen zahlreichen Ausflugsbooten.

Vom Hafen aus starten auch die Schiffe, die die alten Sumpfgebiete der einzigartigen Küste ansteuern. So kann man die unberührte Natur des regionalen Schutzreservats Diaccia Botrona erleben und der großen Flamingokolonie einen Besuch abstatten, die das ganze Jahr zu sehen ist. Leidenschaftliche Vogelbeobachter sollten im Herbst kommen und eine Tour zu den Lagunen unternehmen. Während des Vogelzugs legen zahlreiche Arten wie Rotschenkel, Säbelschnäbler, Flussuferläufer oder Seeregenpfeifer einen Stopp in den ausgedehnten Feuchtgebieten zum Überwintern ein und genießen den reich gedeckten Tisch der toskanischen Mittelmeerküste.

Geheimnisvolle Wege der Etrusker

Geschichtlich Interessierte oder Urlauber, die mal Pause vom Strandleben brauchen, sollten die Höhen der Maremma erkunden und in die alte Welt der Etrusker eintauchen. Dafür sind die schmalen schluchtähnlichen Hohlwege besonders geeignet. Die Etrusker, die wohl ersten Siedler der Toskana mit einer Blütezeit um 800 v. Chr., haben ein ausgeklügeltes Wegenetz rund um die malerischen Tuffstein-Dörfer Sorano, Sovana und Pitigliano angelegt. Der Zweck dieser sogenannten *Vie cave* ist bis heute nicht eindeutig geklärt.

Ging es bei dem Wegenetz um kriegsstrategische Überlegungen, nutzte man es als Kanalisation, oder stellten die Wege Verbindungen zu mystischen Kultstätten her? Für Letzteres spricht, dass sich an den Hohlwegen zahlreiche Nekropolen befinden. Spannend und ein bisschen unheimlich ist es, hier unterwegs zu sein, aber gerade in den heißen Sommermonaten sehr angenehm. Denn die bis zu 20 Meter hohen Felskorridore lassen kaum Sonnenlicht eindringen. Es ist nicht zu warm, eher feucht, genau das richtige Klima für Moose, Flechten und Farne, die hier üppig wachsen. Wer in die Maremma reist, wird den Etruskern und ihrer uralten Kultur immer wieder begegnen. Eigentlich ist so gut wie jedes Dorf etruskischen Ursprungs, und vielerorts stolpert man regelrecht über geheimnisvolle Wege, Tempel und Grabstätten dieser uralten Kultur.

↗ Früher Malariagebiet, heute Idyll: der Parco dell'Uccelina mit seinen Pinienwäldern
↖ *Butteri*, die Cowboys der Maremma, sind die Hüter der Pferde und der Maremma-Rinder.
← Im Badeort Castiglione della Pescaia mündet der Fluss Bruna ins Tyrrhenische Meer.

INFO

MIT VIELEN QUALITÄTEN

Für Camperfreuden steht das Camping Maremma Sans Souci – der Platz liegt in einem Pinienwald am Meer. Zum Campingplatz gehören ein Restaurant, eine Pizzeria und eine Bar.

Gaumenfreuden verspricht das Ristorante Leccio Moro – die traditionelle Trattoria liegt direkt an der zentralen Piazza von Tirli. Hier kommt typische Maremma-Küche auf den Tisch.

Ein Garant für Eisfreuden ist die Gelateria Cremeria Corradini mit unwiderstehlichen Sorten wie Pistazie und Stracciatella, aber auch kreativen Kombinationen wie Pinieneis mit Honig.

Echte Wasserfreuden verheißt das Rafting auf dem Ombrone: Der Fluss durchquert auch den Naturpark der Maremma. Besonders schön ist der 13 Kilometer lange Flussabschnitt zwischen Molin di Pari und dem Ort Monte Antico.

WEITERE INFORMATIONEN

Camping Maremma Sans Souci, Loc. Casa Mora, 58043 Castiglione della Pescaia, maremmasanssouci.it
Ristorante Leccio Moro, Piazza del Popolo 3, Tirli, 58043 Castiglione della Pescaia, ristorantelecciomoro.it
Gelateria Cremeria Corradini, Corso della Libertà 45, 58043 Castiglione della Pescaia

Geführte Kanuwanderungen auf dem Ombrone durch das Naturschutzgebiet

42

MONTE ARGENTARIO – FELSIGE SCHÖNHEIT

DAS GESAMTKUNSTWERK

Die Halbinsel Monte Argentario mit ihren historischen Festungen, malerischen Hafenorten wie Porto Santo Stefano und Porto Ercole, mit der Lagune von Orbetello und zahlreichen Stränden ist wunderschön. Nur in der Hochsaison sollte man das Panorama-Paradies meiden – oder sich abseits der Hauptorte einquartieren.

Das steinige Gebirge der Halbinsel mit seinem 635 Meter hohen Monte Telegrafo präsentiert sich wild, und die dichtbewachsene mediterrane Macchia mit Steineichen, Ginsterbüschen, Erdbeerbäumen oder Pinien ist eine Augenweide. Auf 40 Kilometern umrundet eine Panoramastraße den Monte Argentario, spektakulär windet sie sich um unzählige Buchten, schroff abfallende Felsvorsprünge, Olivenhaine oder teils verlassene Weinberge. Egal ob motorisiert oder mit dem Rad unterwegs, immer ist der Blick fantastisch, etwa auf die ins glitzernde Meer getauchten Nachbarinseln Giglio und Giannutri.

Idyllische Hafenorte

Beide Häfen der Halbinsel sind wunderbare Ziele. Das hübsche, aber im Hochsommer gnadenlos überlaufene Porto Santo Stefano wird von der oberhalb liegenden mächtigen Festung Rocca Spagnola aus dem 16. Jahrhundert dominiert. Der Hafen ist unbestrittener Treffpunkt mit seinen Restaurants und Geschäften und den zahlreichen Cafés – die Einheimischen lieben die Bar Giulia; das Ambiente eignet sich ideal für die abendliche *Passeggiata* an der Uferpromenade. Von der Mole aus startet man zu Bootsausflügen oder beobachtet die Fischkutter beim Entladen ihres Fangs. Die Altstadt kennzeichnen enge Gassen und schöne Plätze. Auf der ruhigeren Südseite der Halbinsel liegt der Hafenort Porto Ercole. Nur wenige Kilometer von seinem Zentrum entfernt ragt die im 16. Jahrhundert von den Spaniern erbaute Festung Forte Stella mit ihrer ungewöhnlichen Sternform auf.

Zum Niederknien

Der Monte Argentario ist ideal zum Windsurfen, Taucher lieben den geschützten Unterwasserpark, Strände zum Entspannen gibt es ohne Ende, manche sind etwas versteckt und nur zu Fuß erreichbar. Wer die Kraft der Wälder spüren möchte, kann über ausgedehnte Wander- und Kletterrouten die eindrucksvollen alten Wehrtürme entdecken. Auch Orbetello auf einer Landzunge in der Lagune ist sehenswert mit seinen gut erhaltenen etruskischen Mauern. Von Orbetello aus führt eine Straße auf den Gipfel. An der Stecke, mitten in den Wäldern, versteckt sich das Kloster Presentazione al Tempio, besser bekannt als Passionistenkloster. Das herrlich gelegene Kloster wurde 1737 gegründet, und wer in sich kehren möchte, kann es Papst Johannes Paul II. gleichtun, der im Jahr 2000 das Kloster besuchte und sich in der Klosterkapelle zum Gebet niederkniete.

INFO

ERSTE UND LETZTE ADRESSE

Das Il Pellicano in Porto Ercole ist eines der berühmtesten und schönsten Hotels Italiens. Es thront auf einer Klippe und bietet einen spektakulären Blick aufs Meer. Den hat man vom Pool aus genauso wie von den bezaubernden Restaurantterrassen und von vielen Zimmer. Auch der Service ist tipptopp im Luxushotel. Sehr frühzeitig reservieren!

Die sterblichen Überreste des 1610 mit nur 38 Jahren in Porto Ercole verstorbenen Barockmalers Caravaggio ruhen mitten im Ort bei der Pfarrkirche Sant'Erasmo. Erst 2010 gelang es Wissenschaftlern, Knochen aus einem ungekennzeichneten Grab des Kirchenfriedhofs einer DNA-Analyse des Malers mit dem skandalösen Lebenswandel zuzuordnen. Das altarähnliche Grab Caravaggios in der Via Caravaggio gefällt nicht allen, wurde der Maler am Ende doch sogar wegen Totschlags gesucht.

WEITERE INFORMATIONEN

Il Pellicano (geöffnet von Mitte April bis Mitte Oktober), Lo Sbarcatello, 58019 Porto Ercole, hotelilpellicano.com

↑ Wasser hoch über dem Meer – der Pool des Hotels Pellicano liegt auf einer Felskuppe.
← Aus strategisch günstiger Lage blickt die Rocca Aldobrandesca auf Porto Ercole.

Sommertag mit Segelboot
vor der mittelalterlichen
Festung von Portoferraio

43

ELBA – RUND UM DEN MONTE CAPANNE

GIPFELGLÜCK UND MEERBLICK

Elbas Westen ist ein Naturparadies, mittendrin der Monte Capanne, mit 1018 Metern der höchste Gipfel. »Wie klein ist doch meine Insel«, soll Napoleon dort oben ausgerufen haben. Doch wie groß sind heute die Freuden, am Berg und an der Küste entlang unterwegs zu sein und hinaus aufs Tyrrhenische Meer zu blicken.

Die Zeit können Wanderer ganz wunderbar vergessen, geben sie sich dieser Landschaft hin. Egal ob die Touren vom Berg aus starten oder über die Küstenwege führen, die Natur streichelt die Seele mit jedem Schritt. Es gibt einige Wege zum Gipfel des Monte Capanne, die entweder in Marciana, Poggio, Valle Nevera, Chiessi oder Pomonte starten. Die Wanderungen dauern je nach Schwierigkeitsgrad, Geschwindigkeit und Kondition zwischen 3,5 und sechs Stunden, gut 600 Höhenmeter sind immer zu bewältigen.

Als guter Einstieg bietet sich Marciana an, auch weil hier die nostalgische Seilbahn Cabinovia startet. Man kann mit dem Bus anreisen oder bei der Talstation parken. Doch bevor es auf den Monte Capanne geht, lohnt ein Bummel durch Marciana, das älteste und höchste Bergdorf der Insel – ein echtes Postkartenidyll mit alten gepflasterten Straßen, Torbögen und Steinhäusern mit üppigem Blumenschmuck an den Balkonen.

Im Gitterkorb bergan

Die Fahrt mit der Seilbahn aus den 1960er-Jahren ist ein kleines Abenteuer. Schwindelfrei zu sein empfiehlt sich, denn in der Cabinovia mit ihren gelben offenen Gitterkörben geht es stehend und maximal zu zweit den Berg hinauf. Nach gut 18 Minuten ist man bei schönsten Ausblicken auf 959 Metern angekommen. Der steinige Gipfel ist leicht an den Antennen zu erkennen. Hier hat man eine fantastische Aussicht auf ganz Elba und die anderen Inseln des Toskanischen Archipels, auf das Festland und bis nach Korsika.

Unter der Bergspitze des Monte Capanne thront das malerische Dörfchen Poggio, ein zauberhafter Anblick! Dann geht es über gewundene Pfade in Richtung Küste, die Vegetation wird spärlicher, verschiedene Gräser und der stachelige Zwergginster gedeihen hier. Der Weg führt vorbei an Napoleons Quelle, von der Fonte di Napoleone soll der kleine Kaiser gerne getrunken haben. Etwas versteckt und zugewuchert liegt die 573 gegründete Einsiedelei von San Cerbone in einer Wildnis, die auch Mufflons gefällt. Wer möchte, kann Wege nördlich in Richtung Sant'Andrea einschlagen und sich der traumhaften Küste und dem klaren Meer immer weiter nähern. Badestopps in traumhaften Buchten lassen sich nach Belieben einbauen. Als Ziel ist Marciana Marina ideal – mit seinem hübschen Hafen, den schönen Stränden und Restaurants ein perfekter Ort, um die Sonne im Meer versinken zu sehen.

← Den Gipfel des Monte Capanne kann man zu Fuß oder mit der Cabinovia erreichen.
↓ Gehaltvoll: der Eintopf *Cacciucco* aus vielen verschiedenen Meeresfrüchten

INFO

SPEISEN UND SCHLAFEN

Im Ristorante Il Gabbiano kann man mit herrlichem Blick über die Bucht von Sant'Andrea Spezialitäten genießen wie *Cacciucco*, die regionale Fischsuppe mit sehr viel Fisch und wenig Suppe oder die *Ravioli del Pescatore.*

In Marciana Marina wartet nach der Wanderung die beste Eisdiele Elbas, die Gelateria La Torre am Hafen, oder man belohnt sich mit gutem Essen im Ristorante Salegrosso. Auch hier gibt es Fischspezialitäten, vom Michelin-Restaurantführer empfohlen.

Das stilvolle Hotel Cernia Isola Botanica in Sant'Andrea mit Garten und Pool ist nach einem tollen Frühstück ein idealer Ausgangspunkt für Aktivitäten.

WEITERE INFORMATIONEN

Il Gabbiano, Piazza Capo Sant'Andrea 18, 57030 Sant'Andrea, caposantandrea.it
Ristorante Salegrosso, Piazza della Vittoria 14, 57030 Sant'Andrea, salegrossoelba.it
Cernia Isola Botanica, Via San Gaetano 23, 57030 Sant'Andrea, hotelcernia.it

PIETRE
su tutta
la piazza

44

ELBA – EIN KAISER MACHT KLAR SCHIFF

VON NEPTUN UND NAPOLEON

Auch wenn Elba viel mehr ist als Napoleons erste Insel der Verbannung, wäre die Insel ohne ihn nicht das, was sie heute ist: In den nur gut zehn Monaten seiner »Herrscherzeit« hat Napoleon viel bewirkt. Er hat Elba moderner gemacht, den Weinbau vorangebracht und eine Reihe wichtiger Reformen in Angriff genommen.

»Ich habe euch Frieden gebracht. Ich hinterlasse euch Wohlstand, eine saubere schöne Stadt und blühende Dörfer. Ich hinterlasse euch meine Straßen und meine Bäume. Zumindest eure Kinder werden mir dankbar sein.« So lautet Napoleons letzte Proklamation an die Einwohner und Einwohnerinnen von Elba, bevor er Ende Februar 1815 die Insel mit einer kleinen Flotte heimlich verließ, um nach Frankreich zurückzukehren. Zehn Monate früher, im Mai 1814, hatte der abgesetzte Kaiser der Franzosen gemäß seinem Lebensmotto »*Activité, vitesse*« (»Aktivität, Schnelligkeit«) gleich angefangen zu handeln. Erste Reformen für die verschlafene Insel ließen nicht lange auf sich warten.

Auf historischen Spuren

Da ihm die laute und stinkende Hafenstadt Portoferraio keine Ruhe ließ, wählte Napoleon den oberhalb der Stadt strategisch günstig liegenden Palazzo dei Mulini als Wohnsitz aus – mit herrlichem Blick auf Hafen und Meer. Er ließ das Anwesen renovieren, vergrößern und zog zwei Wochen nach seiner Ankunft dort ein. Wie einst Napoleon mit dem Schiff, kommen heute die meisten Reisenden mit der Fähre in Portoferraio an. Portoferraio bedeutet »Eisenhafen«, zurückzuführen auf den einst wichtigen Eisenabbau, den schon erste Siedler vor den Etruskern hier betrieben haben. Eisenerz und Metallverarbeitung waren bis weit zur Mitte des 20. Jahrhunderts die Haupteinnahmequellen Elbas. Nähert man sich dem Hafen, erkennt man schon von Weitem die imposanten Mauern der gut erhaltenen Festung Forte Falcone aus dem 16. Jahrhundert. Das alte Hafenbecken von Portoferraio ist wunderschön und ein beliebter Aufenthaltsort, die Inselhauptstadt immer noch Dreh- und Angelpunkt. Die Altstadt zieht sich über schmale Gassen den Hügel hinauf zu den Festungsmauern des Forte Falcone und zum Forte Stella, das einst ebenfalls zum Verteidigungsring gehörte. Heute ist in der ehemaligen Residenz Napoleons, dem Palazzo dei Mulini, das Nationalmuseum untergebracht.

Ein Theater für Marie Louise

Auch der Sommerwohnsitz Napoleons etwa fünf Kilometer von Portoferraio entfernt, die sehenswerte Villa di San Martino, ist für Besucher zugänglich. Napoleon ließ den Umbau des Bauernhauses in eine vornehme Villa nach Pariser Vorbild streng überwachen. Hier etablierte er sich mit seinem Hofstaat auch in Erwartung der Ankunft von Kaiserin Marie Louise. Neben zahlreichen Zimmern wurden ein großer Salon für Empfänge und ein Theatersaal hergerichtet. Einem dorischen Tempel nachempfunden ist heute die unterhalb der Villa gelegene Galerie Demidoff,

← Standesgemäß: im Fiat 500 zum Aperitivo auf die Piazza Matteotti in Porto Azzurro. Der Platz heißt nach dem ermordeten sozialistischen Politiker Giacomo Matteotti.

← Weithin sichtbar erhebt sich der Leuchtturm Forte Stella über Portoferraio.
↙ Das Bergdorf San Pietro in Campo überblickt die Bucht von Marina di Campo.
↘ Die Spiaggia La Rossa in Porto Azzurro zeigt im Abendlicht ihre ganze Schönheit.

entstanden im Auftrag des Fürsten Anatole Demidoff. Der russische Emigrant und glühende Verehrer Napoleons erwarb das Anwesen 1851.

Napoleon verstand es schon kurz nach seiner Ankunft auf Elba, den Bergwerksdirektor für sich einzunehmen, und fortan konnte er die Mineneinnahmen für seine Projekte nutzen. Der Kaiser ließ Straßen (das heutige Straßennetz beruht noch auf dieser Struktur), Brücken und Kanalisationen bauen, öffentliche Latrinen installieren, und er sorgte für Straßenbeleuchtung. Er führt die Schulpflicht ein und förderte die Handwerksberufe. Außerdem hat Napoleon ein – heute würde man sagen – nachhaltiges Umweltprogramm durchgesetzt, das Elba zu seinen vielen grünen Flächen verhalf. Er, der Bäume liebte, ließ Setzlinge von Kastanien, Eichen und Kastanien aus Korsika importieren, die Berghänge aufforsten und den Wein- und Olivenanbau ausbauen. Der Handel auch mit ausländischen Schiffen florierte, die regelmäßig in Portoferraio und Porto Azzurro einliefen.

Wettkampf mit Weinfässern

Porto Azzurro präsentiert sich als bezaubernder Badeort mit blau glitzerndem Meer, hübschem Hafen und Häusern in sommerlichen Pastelltönen, mit schönen Gassen und Straßencafés an der Piazza Matteotti. Eine ideale Umgebung, um sich zu stärken und danach einen der schönen benachbarten Strände anzusteuern. Oder man startet zu einem Bootsausflug auf die Nachbarinsel Giglio.

Wer die pittoreske Anmutung Elbas mag, sollte auch Capoliveri südlich von Porto Azzurro einen Besuch abstatten. Im Herbst ist es besonders stimmungsvoll, wenn Anfang Oktober das alljährliche Traubenfest, die Festa dell'Uva, gefeiert wird und in den Straßen heitere Geselligkeit herrscht. Die Veranstaltung ist eine Art riesiges Erntedankfest, das der antiken Weinlese und den bäuerlichen Traditionen gewidmet ist. Dabei treten die Stadtviertel zu Spielen und Wettkämpfen gegeneinander an, bei denen unter anderem Weinfässer bergauf gerollt werden müssen.

Ansonsten erfreuen etwas unterhalb des Ortes zauberhafte Sandstrände. Die findet man auch, fährt man die südliche Küste über die SP 30 in Richtung Westen. Der Strand von Norsi ist einer davon; er gewährt nicht nur den Blick auf das unendliche Blau, sondern auch auf das Capo ai Pini, eine kleine Landspitze, und die dahinter liegende Landzunge Capo Stella. Auf der anderen Seite erstreckt sich bei Lacona ein unendlich langer Strand. Bleibt man auf der SP 30, erreicht man nach gut zehn Kilometern Marina di Campo. Der moderne Ort bietet jede Kategorie an Unterkünften und zwei schöne Campingplätze direkt am Meer. Marina di Campo ist ein wunderbarer Ausgangspunkt für Touren und Wanderungen im Westen und Süden.

INFO

ELBA ENTDECKEN

Wer in Portoferraio weilt, hat es gar nicht weit zum beliebten Stadtstrand Le Ghiaie, der vor allem im Abendlicht bezaubert. Im Nationalmuseum Palazzina dei Mulini gibt es den Salon, die Bibliothek und das Schlafzimmer Napoleons zu besichtigen.

Mehr vom Meer bekommt man im Zentrum von Porto Azzurro im Ristorante Delfino Verde und kann sich bei unschlagbarer Aussicht eines der köstlichen Fischgerichte schmecken lassen. Für Aperitif oder Absacker lohnt sich der Besuch in der Bar Zerosei in der Via Castelfidardo. In Marina di Campo gibt es gutes Essen zu fairen Preisen im Ristorante Bologna. Witzige Mitbringsel finden sich im Etnobazar, etwa farbenfrohe Keramikschalen, Stoffe und Lampen.

WEITERE INFORMATIONEN

Die Fähren der Anbieter Moby oder Toremar starten vom Festland von Piombino oder San Vincenzo nach Portoferraio, mobylines.de oder toremar.it
Ristorante Delfino Verde, Via Vitaliani 1, 57036 Porto Azzurro, ristorantedelfinoverde.it
Etnobazar, Via Guglielmo Marconi 9, 57034 Marina di Campo, facebook.com/etnobazarelba
Ristorante Bologna, Via delle Case Nuove 71, 57034 Marina di Campo, ristorantebologna.it

Die Überfahrt mit der Fähre von Piombino nach Elba dauert ungefähr 45 Minuten.

Überwältigend: die Aussicht vom Passo del Monumento auf die Bucht von Lacona

REGISTER

BILDNACHWEIS

Alle Bilder im Innenteil stammen von **Udo Bernhart**, außer

Shutterstock: S. 18 u. r. (Rauf Aliyev); 19 o. (Everilda); 19 l. (pbd Studio); 64 (13threephotography); 67 o. (Circumnavigation); 108 o. (Barone Firenze); 108 r. (Ana Duque); 109 o. l. (stedalle); 109 u. (Tiziana Cini); **Lookphotos:** S. 19 o. m. (Cavan Images); 47 o. (robertharding); 80/81, 116 (Martini, Rainer); 108 l. (age fotostock); 130 (Delimont, Danita); 132 (Mirau, Rainer).

DIE AUTORIN

Sabine Mischnat, erfahrene Journalistin, 20 Jahre Redakteurin und Reporterin der ARD (WDR und HR), Moderatorin, Dozentin und Autorin, lebt in Frankfurt am Main. Die gebürtige Westfälin (Münster) ist leidenschaftliche Europäerin und reist, wann immer sie Zeit hat. Die Toskana ist einer ihrer Sehnsuchtsorte, hier findet die neugierige Entdeckerin immer wieder unendlich Spannendes zu ihren einstigen Studienfächern Geschichte und Kunstgeschichte. Aber auch die Freude am Genießen fließt in dieses Buch.

DER FOTOGRAF

Udo Bernhart arbeitet seit mehr als 40 Jahren als freier Fotograf und Fotojournalist. In Südtirol aufgewachsen, lebt er heute in Frankfurt. Von dort aus führten ihn seine Aufträge in die ganze Welt: Feuerland, China, Alaska, Mongolei, Kamtschatka, Neuseeland … Seine Aufnahmen sind in deutschen sowie internationalen Magazinen erschienen. Er hat zahlreiche Fotoreportagen und mehr als 150 Bildbände veröffentlicht. 2003 und 2014 erhielt er auf der Frankfurter Buchmesse den ENIT-Preis für das beste Reisebuch über Italien.

IMPRESSUM

Verantwortlich: Carola Holzer
Lektorat: Britta Mentzel
Layout: Tanja Clauss, Clauss Designagentur
Korrektorat: Christine Miller
Kartografie: Huber-Kartographie, Heike Block
Repro: LUDWIG:media
Herstellung: Alexander Knoll
Printed in Türkiyeby Elma Basim

★★★★★

Sind Sie mit diesem Titel zufrieden? Dann würden wir uns über Ihre Weiterempfehlung freuen.
Erzählen Sie es im Freundeskreis, berichten Sie Ihrem Buchhändler, oder bewerten Sie bei Onlinekauf. Und wenn Sie Kritik, Korrekturen, Aktualisierungen haben, freuen wir uns über Ihre Nachricht an Bruckmann Verlag, Postfach 40 02 09, D-80702 München oder per E-Mail an lektorat@verlagshaus.de.

Unser komplettes Programm finden Sie unter

www.bruckmann.de

Textnachweis:
Alle Texte von Sabine Mischnat, Bildunterschriften von Udo Bernhart

Umschlagvorderseite: Morgenstimmung über der Crete Senesi (mauritius images / Moreno Geremetta)

Umschlagrückseite: oben v. l. n. r.: David auf der Piazza della Signora in Florenz, Abendstimmung in Arezzo, Mit dem Fiat 500 auf Elba; unten: Wandern an der Küste Elbas (Udo Bernhart).

Die Deutsche Nationalbibliothek verzeichnet diese Publikation in der Deutschen Nationalbibliografie; detaillierte bibliografische Daten sind im Internet über http://dnb.d-nb.de abrufbar.

Infanteriestraße 11 a,
80797 München
ISBN: 978-3-7343-3011-7